Rechtsfälle aus dem Arbeitsrecht

zum Gebrauch bei Übungen

zusammengestellt von

Dr. Walter Kaskel
a. o. Professor an der Universität Berlin

Springer-Verlag Berlin Heidelberg GmbH
1922

ISBN 978-3-662-28272-4 ISBN 978-3-662-29791-9 (eBook)
DOI 10.1007/978-3-662-29791-9

Vorbemerkung.

Das Arbeitsrecht ist in seinem Inhalt und seiner Wirkung erst verständlich, wenn man seine Sätze auf den praktischen Fall anwendet. Soll das Arbeitsrecht daher dem akademischen Unterricht eingefügt werden, so muß die systematische Vorlesung durch die praktische Übung ergänzt werden.

Die vorliegende Sammlung will ein Hilfsmittel für derartige Übungen schaffen. Die darin enthaltenen Rechtsfälle sind fast ausnahmslos nicht am Schreibtisch erklügelt, sondern wirklichen Tatbeständen entnommen, wie sie mir zur Begutachtung oder Entscheidung vorlagen oder von meinen Hörern oder befreundeten Praktikern erzählt wurden, wenn auch nach pädagogischen Gesichtspunkten wesentlich abgeändert, ergänzt und miteinander verschmolzen. Die für jeden der Fälle zu beantwortenden Fragen ergeben sich nicht nur aus einer etwaigen Schlußfrage des einzelnen Falles, sondern aus der gesamten Sachdarstellung, die regelmäßig juristische Fehler enthält und daher im einzelnen auf die rechtliche Zulässigkeit der mitgeteilten Vorgänge nachgeprüft werden muß. Neben einfachen sind auch schwierigere Fälle aufgenommen, doch ist dann der Tatbestand so gefaßt, daß der Übungsleiter durch Weglassung einzelner Sätze oder Halbsätze, aus denen die Schwierigkeit sich ergibt, den Fall vereinfachen kann. Auf diese Weise soll die Sammlung sowohl bei Übungen für Anfänger wie für Vorgerücktere verwendbar sein.

Die Sammlung enthält Fälle aus dem Gesamtgebiet des Arbeitsrechts mit Ausschluß des sozialen Versicherungsrechts. Die Reihenfolge der Fälle entspricht im wesentlichen der von mir mehrfach empfohlenen Systematik des Arbeitsrechts, wie sie auch dem von mir vorbereiteten Lehrbuch des gesamten Arbeitsrechts zugrunde liegt. Doch sind stets auch Fragen aus anderen Teilen des Arbeitsrechts einbezogen, zu denen der einzelne Fall Anlaß geben kann, vor allem aus dem Gebiete des Schlichtungswesens und Betriebsrätegesetzes, so daß die Zahl der diesen Gebieten besonders gewidmeten Fälle verringert werden konnte, weil die wichtigsten einschlägigen Fragen bei anderen Fällen berücksichtigt sind.

Die Sammlung bildet das Gegenstück zu der früher gemeinsam mit Brunn herausgegebenen Sammlung von Rechtsfällen aus der Sozialversicherung. Möchte sie die gleiche freundliche Aufnahme finden wie jene und vor allem dazu beitragen, daß die vielfach noch erschreckende Unkenntnis der mit dem Arbeitsrecht in Staats- und Selbstverwaltung befaßten Stellen durch eine bessere Vorbildung des juristischen Nachwuchses allmählich verschwindet.

Berlin, im März 1922.

Walter Kaskel.

Inhaltsverzeichnis.

I. Allgemeines.

Seite

1. Reichs- und Landesrecht 7
2. Demobilmachungsrecht, Verwaltungsbescheide, Gewohnheitsrecht . . . 7
3. Exterritorialität . . . 7
4. Unternehmer und Arbeiter 8
5. Arbeitsrecht verschiedener Berufsstände 8

II. Tarifvertrag.

6. Tariffähigkeit und Tarifberechtigung 9
7. Tarifbeteiligte 10
8. Unabdingbarkeit . . . 10
9. Unabdingbarkeit, Verzicht 10
10. Grenzen der Unabdingbarkeit 11
11. Wirkung des Tarifvertrages 11
12. Verbindlicherklärung . . 11
13. Rückdatierung und Änderung allgemein verbindlich erklärt. Tarifverträge 12
14. Grenzen der Allgemeinverbindlichkeit 13
15. Konkurrenz mehrerer Tarifverträge, Behördenkonkurrenz 13
16. Tariflose Zeit 13
17. Tarifverletzung 14
18. Tarifverletzung im Einzelbetrieb 14
19. Tarifverletzung durch einzelne Mitglieder . . . 15
20. Konkurrenzklausel in Tarifverträgen 15

III. Betriebsvereinbarung und Arbeitsordnung.

21. Betriebsvereinbarung . 16
22. Zustandekommen der Arbeitsordnung 16
23. Arbeitsordnung in der Landwirtschaft 17
24. Abdingbarkeit — Geltungsbereich 17
25. Arbeitsordnung und Tarifvertrag 18
26. Fakultativer Inhalt . . 18
27. Fakultative Arbeitsordnung — Strafen . . . 18
28. Geltungsbeginn der Arbeitsordnung 18

IV. Arbeitsvermittlung und Arbeitsbeschaffung.

29. Inserat 19
30. Gewerbsmäßige Stellenvermittlung, Konzessionspflicht 19
31. Gewerbsmäß. Stellenvermittlung, Vertragsbruch 20
32. Arbeitsnachweis: Organisation und Aufsicht . 20
33. Arbeitsnachweis: Vermittlungstätigkeit . . . 21
34. Arbeitsnachw.: Haftung 21
35. Beschäftigung Schwerbeschädigter 21
36. Beschäftigung Schwerbeschädigter — Erwerbslosenfürsorge 22
37. Wiedereinstellung von Kriegsteilnehmern . . 23
38. Weiterbeschäftigung . . 23
39. Betriebsabbruch 23

V. Arbeitsvertrag.

40. Dienst- und Werkvertrag 24
41. Anstellungsverhältnis 24
42. Arbeitsverträge mit Minderjährigen u. Ehefrauen 25
43. Mitbestimmungsrecht bei Einstellungen 25
44. Ersatzmann — Haftung 26
45. Gruppenakkord 26

		Seite
46.	Geschäftsübergang	26
47.	Umfang der Dienstpflicht	27
48.	Erfindungen von Angestellten	27
49.	Überstunden	27
50.	Überarbeit in der Landwirtschaft	28
51.	Gehorsamspflicht	28
52.	Bedeutung politischer Gegensätze	28
53.	Schweigepflicht	29
54.	Wettbewerbsverbot	29
55.	Schmiergelder	30
56.	Anzeigepflicht	30
57.	Ersatzpflicht	31
58.	Wucher. Arbeitsverträge	31
59.	Provision	31
60.	Gewinnbeteiligung	32
61.	Trinkgelder	32
62.	Unmöglichkeit der Arbeitsleistung	32
63.	Vorübergehende Arbeitsbehinderung	33
64.	Lohn bei Betriebsstockung	33
65.	Lohn bei mangelhafter Leistung	33
66.	Truckverbot	34
67.	Zahlungsverzug	34
68.	Aufrechnung u. Zurückbehaltung, Doppelvertrag	35
69.	Lohnabzug für Versicherungsbeiträge	35
70.	Anrechnung — Weihnachtsgeschenke	36
71.	Einbehaltung	36
72.	Verwirkung	37
73.	Strafen	37
74.	Verwendungsbeschränkg., Konsumgenossenschaften	38
75.	Lohnpfändung	38
76.	Soziale Fürsorgepflichten	39
77.	Zeugnis	39
78.	Kündigung — Vertragsbruchfolgen	40
79.	Kündigung bei Streik	40
80.	Fristlose Entlassung	40
81.	Mitbestimmungsrecht bei Kündigung	41
82.	Entlassung von Betriebsratsmitgliedern	41
83.	Auflösung bei befristetem Vertrag	42

VI. Arbeiterschutz.

84.	Abdingbarkeit von Arbeiterschutzvorschriften	42
85.	Durchführung von Arbeiterschutzvorschriften	42
86.	Gewerbeaufsicht und Unfallverhütung	43
87.	Überschreitung des Höchstarbeitstages	43
88.	Hygienischer Höchstarbeitstag	44
89.	Überschreitung der Arbeitszeit	44
90.	Ladenschluß	45
91.	Kinderschutz	45
92.	Fortbildungsschule	45

VII. Arbeitsverfassung.

93.	Koalitionsrecht	46
94.	Koalitionsrecht Minderjähriger	46
95.	Erzwingung der Mitgliederpflichten der Berufsvereine	47
96.	Zweigstellen der Berufsvereine	47
97.	Haftung des Betriebsrats	48
98.	Kosten des Betriebsrats — Streitigkeiten	48

VIII. Arbeitsstreitigkeiten.

99.	Prüfung d. Schlichtungssprüche durch das Gericht	49
100.	Schlichtungsausschuß als Schiedsgericht	49

I. Allgemeines.

1. **Reichs- und Landesrecht.** Ein deutscher Bundesstaat beabsichtigte im Jahre 1920, ein Gesetz über den landwirtschaftlichen Arbeitsvertrag zu erlassen, welches die Bestimmungen der vorläufigen Landarbeitsordnung unverändert aufnahm, sie aber hinsichtlich Errichtung und Ausgestaltung eines landwirtschaftlichen Arbeitsnachweises, Regelung der Wohnungsverhältnisse der Wanderarbeiter, Bestimmungen über ein Verbot der Veräußerung des Deputats und Aufnahme von Strafvorschriften bei Zuwiderhandlungen des Arbeitgebers ergänzen, ferner die Zuständigkeit des Schlichtungsausschusses in landwirtschaftlichen Einzelstreitigkeiten ausschließen, die Bildung eines Betriebsrats in landwirtschaftlichen Betrieben schon bei 15 Arbeitnehmern vorschreiben und die Wirksamkeit jeder Kündigung von der Zustimmung des Betriebsrats abhängig machen sollte. Die zuständige Landesregierung fragte bei der Reichsregierung an, ob und in wieweit hiergegen Bedenken bestehen.

2. **Demobilmachungsrecht, Verwaltungsbescheide, Gewohnheitsrecht.** Der Demobilmachungskommissar in P. hatte den Schiedsspruch des tariflichen Schlichtungsamts, wonach die Porzellanarbeiter des dortigen Bezirks einen Stundenlohn von 15 Mark erhalten sollten, für verbindlich erklärt und sich für die Zulässigkeit dieser Maßregel auf eine Reihe von Bescheiden des Reichsarbeitsministers berufen, die allgemein befolgt würden und durch die ein Gewohnheitsrecht entstanden sei. Der Fabrikbesitzer Erdig verweigerte indessen die Zahlung eines höheren Lohnes als 13,50 Mark, zumal das Schlichtungsamt tarifwidrig besetzt und der Demobilmachungskommissar, der früher Porzellanarbeiter gewesen war, noch jetzt Ehrenmitglied der Porzellanarbeitergewerkschaft sei.

3. **Exterritorialität.** Der Gesandte einer südamerikanischen Republik hat in Deutschland ein Rittergut nebst Ziegelei erworben. Er erklärt sogleich bei Übernahme des

Gutes sowohl den dort bestehenden landwirtschaftlichen Betriebsrat als auch den Betriebsrat der Ziegelei für aufgelöst und verweigert auf dessen Beschwerde bei dem Schlichtungsausschuß die Einlassung mit der Begründung, daß er als Exterritorialer dem deutschen Arbeitsrecht nicht unterstehe. Seine Regierung stehe derartigen Einrichtungen überhaupt ablehnend gegenüber und habe auch den Angestelltenrat, der sich bei der deutschen Gesandtschaft in seinem Heimatsstaat sowie bei einigen dortigen Zweigniederlassungen deutscher Firmen zunächst gebildet habe, sogleich verboten.

Als die Mitglieder des bisherigen Betriebsrats ihr Amt trotzdem fortzuführen versuchten und den Einspruch eines gekündigten Arbeiters für begründet erklärten, entließ der Gesandte die sämtlichen Mitglieder und lehnte die Wiedereinstellung bzw. Entschädigung des gekündigten Arbeiters, auf welche der Schlichtungsausschuß erkannt hatte, ebenfalls ab. Wegen des Schadens, den er durch die vermeintlich rechtswidrige Amtsführung der Betriebsratsmitglieder, insbesondere durch ihre Aufforderung an die Arbeitskollegen, nicht länger als 8 Stunden zu arbeiten, erlitten zu haben behauptete, rechnete er endlich diesen gegenüber am Entlassungstage in voller Höhe ihrer Geldlohnforderung auf und überwies ihnen an fälligem Getreidedeputat nur schlechteste Sorten.

4. **Unternehmer und Arbeiter.** In dem Schneidereibetrieb der Firma Müller & Co. wird täglich 12 Stunden lang gearbeitet. Als der zuständige Gewerbeaufsichtsbeamte dies erfährt und Abstellung verlangt, erwidern ihm die im Betrieb Anwesenden und dort arbeitenden 7 Personen übereinstimmend, sie unterständen dem 8-Stunden-Tag nicht: Sie seien ein sozialisierter Betrieb, in dem Müller das Geld gebe, sie sieben die Arbeitskraft, während der Gewinn gemäß der getroffenen Vereinbarung gleichmäßig unter alle Acht verteilt würde. Drei von ihnen ließen ihren Gewinnanteil sogar vereinbarungsgemäß zur Vermehrung des von Müller gegebenen Geschäftskapitals stehen.

5. **Arbeitsrecht verschiedener Berufsstände.** Der Kommerzienrat Gütig unterhält aus eigenen Mitteln ein Waisenhaus, in dem 150 Waisenkinder im Alter von 6—15 Jahren aufgenommen und zu diesem Zweck 23 Personen be-

schäftigt werden, nämlich 1 Verwaltungsdirektor, 1 Arzt, der daneben noch Privatpraxis betreibt, 1 Buchhalterin, 1 Krankenschwester, 3 Lehrerinnen, von denen die eine an der staatlichen Schule, die zweite an einer Privatschule angestellt ist, die dritte ausschließlich in der Anstalt tätig ist, 1 Oberköchin und 2 Küchenmädchen, 1 Zuschneider, 1 Näherin, 2 Waschfrauen, deren eine verheiratet ist und nicht in der Anstalt wohnt, wohl aber dort beköstigt wird, 1 Portier, dessen Obliegenheiten von seiner Ehefrau und 11 jährigen Tochter mitversehen werden, 6 Hausmädchen, 1 Gärtner und 1 Schweizer für die Besorgung von Kühen und Ziegen, welche der Anstalt gehören. Gütig ist im Zweifel, welche arbeitsrechtlichen Vorschriften auf dieses Personal Anwendung finden und ob ein Betriebsrat zu bestellen ist.

Da ferner auch die Kinder zur Anfertigung von gewerblichen und, soweit sie dazu Talent haben, künstlerischen Arbeiten angehalten werden, die an ein Warenhaus abgegeben werden, und der vom Warenhaus gezahlte Preis zur Hälfte den Kindern zufließt, zur anderen Hälfte für die Unterhaltung der Anstalt verwendet wird, glaubt Gütig, daß auch die Kinder arbeitsrechtlichen Vorschriften unterstehen, und wünscht hierüber Auskunft.

II. Tarifvertrag.

6. **Tariffähigkeit und Tarifberechtigung.** Die Prokuristen der Firma Sachs bilden einen Kegelklub. Der Vorstand des Klubs, der die Interessen der Prokuristen vielfach wahrnimmt, schließt ohne ausdrückliche Ermächtigung der Prokuristen mit der Firma einen Tarifvertrag, worin Arbeitszeit und Gehalt der Prokuristen neu geregelt werden. Einzelne Prokuristen bestreiten darauf dem Vorstand die Zuständigkeit hierzu und erklären den Tarifvertrag für ungültig, zumal der Vertrag nur von der Firma Sachs, nicht aber von dem Vorstandsvorsitzenden unterzeichnet sei, somit der erforderlichen Schriftform ermangele. Zugleich erhebt der Betriebsrat der Firma Sachs Einspruch bei dem Schlichtungsausschuß mit der Begründung, daß die Prokuristen von ihm vertreten würden,

er aber seine Einwilligung zu jedem Sondertarif einer Betriebsgruppe grundsätzlich versage.

7. Tarifbeteiligte. Der Gutsbesitzer Altenberg, Mitglied des Gutsbesitzerverbandes in P., ist mit dem vom Verband am 15. Januar mit dem Verband der Landarbeiter abgeschlossenen Tarifvertrag nicht einverstanden und erklärt seinen Austritt aus dem Verband unter Einhaltung der satzungsmäßig vorgesehenen Form und Frist zum 1. Juli. Am 15. Juli stirbt Altenberg, sein Sohn und Erbe, der niemals Mitglied des Verbandes gewesen ist, veräußert am 15. August das väterliche Gut an den Kaufmann Neustadt, der am 1. September dem Verbande der Gutsbesitzer beitritt. Vom 1. Juli bis zum 1. September hatten alle drei Gutsbesitzer die Zahlung des Tariflohnes verweigert.

Waren sie hierzu berechtigt?

8. Unabdingbarkeit. Die Firma Eisen & Co. ist Mitglied des Verbandes der Metallindustriellen in X, der mit dem Metallarbeiterverband einen Tarifvertrag abgeschlossen hat, wonach der Stundenlohn für Dreher 15 Mark beträgt. Die Firma Eisen & Co. stellt indessen nur Dreher ein, die sich schriftlich mit einem Stundenlohn von 12,50 Mark einverstanden erklären. Trotz dieser Vereinbarung verlangen die am 1. April 1921 eingestellten Dreher Müller und Lehmann am ersten Zahltag 15 Mark Lohn und klagen diesen Betrag vor dem Schlichtungsausschuß ein. Lehmann ist gar nicht Mitglied des Metallarbeiterverbandes, sondern der entsprechenden christlichen Gewerkschaft, beruft sich aber darauf, daß der Tarifvertrag eine Bestimmung dahin enthält, daß auch nicht beteiligte Arbeiter nur zum Tariflohn eingestellt werden dürfen.

9. Unabdingbarkeit — Verzicht. Der zwischen dem Verband der Mühlenbesitzer und dem Müllerverband in B. abgeschlossene Tarifvertrag sieht einen Stundenlohn von 12 Mark vor. Der Mühlenbesitzer Weiß hatte indessen den Müller Michel, trotzdem beide tarifangehörig waren, nur zu einem Stundenlohn von 10 Mark angestellt, und Michel hatte sich schriftlich ausdrücklich zu einer Vertragsstrafe von 500 Mark verpflichtet, wenn er den höheren Lohn verlangen würde.

Die ersten drei Monate nahm Michel den vereinbarten Lohn auch stets vorbehaltlos an, das vierte Mal erklärte er aber bei der Lohnzahlung, er habe erst jetzt von seinem Verband die Ungültigkeit der getroffenen Abrede erfahren und verlange den Tariflohn, und zwar nicht nur für die jetzt fällige Lohnzahlung, sondern auch für die früheren drei Monate die Differenz zwischen dem Tariflohn und dem gesetzlichen Lohn.

Weiß verweigert dies, entläßt den Michel sofort wegen Vertragsbruches und zieht ihm von der Lohnzahlung auch noch die Vertragsstrafe von 500 Mark ab.

10. **Grenzen der Unabdingbarkeit.** Der Tarifvertrag zwischen dem Gutsbesitzerverband und dem Landarbeiterverband der Provinz P. bestimmt, daß „alle Einzelarbeitsverträge schriftlich abgeschlossen werden müssen". Sind mündlich abgeschlossene Arbeitsverträge zwischen Tarifbeteiligten nunmehr unwirksam? Sind mündlich abgeschlossene Arbeitsverträge von Außenseitern unwirksam, wenn der Tarifvertrag für allgemein verbindlich erklärt wird? Gilt die Unwirksamkeit auch für den Fall der Rückdatierung des Tarifvertrages bzw. der Verbindlicherklärung für die zeitlich vor dem Tarifabschluß bzw. vor der Verbindlicherklärung abgeschlossenen Arbeitsverträge?

11. **Wirkung des Tarifvertrages.** Der Tarifvertrag zwischen dem Verband der Kleinhandelsgeschäfte und dem Verband der kaufmännischen Angestellten in M. bestimmt, daß Angestellte nur durch den Arbeitsnachweis in M. bezogen werden dürfen und daß niemand mehr als zwei Lehrlinge einstellen darf. Dem zuwider hat der Kaufmann Bolle den Buchhalter Tintenberg durch Zeitungsinserat ohne Mitwirkung des Arbeitsnachweises bezogen und die drei Lehrlinge Maier, Müller und Lehmann bei sich eingestellt. Kurze Zeit nach der Einstellung erkranken Tintenberg und Maier an Grippe. Bolle verweigert die Gewährung irgendwelcher Leistungen über den Tag der Erkrankung hinaus an Tintenberg und erklärt ferner den Lehrvertrag des Maier für rechtsunwirksam.

12. **Verbindlicherklärung.** Der am 1. Februar zwischen den Verbänden der Metallindustriellen und Metallarbeiter in

M. abgeschlossene Tarifvertrag wird am 30. April vom Reichsarbeitsminister für allgemein verbindlich erklärt, versehentlich aber erst am 1. Juli in das Tarifregister eingetragen. Inzwischen hatten die Tarifparteien am 15. April einen neuen Tarifvertrag abgeschlossen, wonach eine Lohnerhöhung von 10 v.H. eintreten sollte.

Die Firma Eisenstein, Mitglied des Verbandes, zahlte darauf vom 1. Mai ab ihren Arbeitern wiederum den um 10 v.H. verringerten Lohn, während die Firma Außenberg, die dem Verbande nicht angehörte, die Ansicht vertrat, die Verbindlicherklärung sei rechtsunwirksam, und ihre Arbeiter nach wie vor um 10 v.H. unter dem ersten Tarifvertrag entlohnte. Der Metallarbeiterverband endlich meinte, der Minister sei verpflichtet, nachträglich die Erklärung auf den 15. April zurückzudatieren, während der Gegenverband eine solche nachträgliche Erklärung für rechtlich unzulässig erklärte.

13. Rückdatierung und Änderung allgemein verbindlicher Tarifverträge. Der zwischen dem Verband der Gutsbesitzer und dem Sozialdemokratischen Landarbeiterverband der Provinz S. am 31. Januar 1921 mit Wirkung vom 1. Januar 1921 abgeschlossene Tarifvertrag wird vom Reichsarbeitsminister am 25. April 1921 mit rückwirkender Kraft vom 15. Januar 1921 an für allgemein verbindlich erklärt. Da der Tarifvertrag keine Bestimmungen über Urlaub erhält, werden solche Bestimmungen nachträglich am 27. April vereinbart, auch wird eine weitere Vereinbarung über Erhöhung des tariflich vorgesehenen Stundenlohns um 1,50 Mark vorgenommen, ohne daß beide nachträglichen Vereinbarungen für allgemein verbindlich erklärt werden. Der für die gleiche Provinz bestehende Nationale Landarbeiterverband trifft darauf mit dem Verband der Gutsbesitzer die gleichen beiden Vereinbarungen.

Der Gutsbesitzer Körner, Mitglied des Verbandes der Gutsbesitzer, verweigert indessen seinen sämtlichen Arbeitern sowohl Urlaub wie den um 1,50 Mark erhöhten Lohn, und lehnt auch die Zahlung des Tariflohnes an diejenigen Arbeiter ab, die nicht Mitglieder der vertragschließenden Verbände sind. Jedenfalls sei er zu einer Nachzahlung bezüglich der Zeit bis zum 25. April nicht verpflichtet.

Die Arbeiter klagen darauf ihren Anspruch vor dem ordentlichen Gericht ein.

14. Grenzen der Allgemeinverbindlichkeit. Nach einem für allgemeinverbindlich erklärten Tarifvertrag dürfen Arbeiter nur durch den Arbeitsnachweis in X. bezogen und Frauen und Jugendliche unter 15 Jahren nicht eingestellt werden. Die Firma Außenberg, die nicht zu den Tarifparteien gehört, bezieht indessen ihre Arbeiter nach wie vor durch den Arbeitsnachweis in Y. bzw. durch Zeitungsinserat und stellt auch Frauen und Kinder ein. Einer der beteiligten Verbände ladet darauf die Firma vor die tariflich bestimmte Schlichtungsstelle (Tarifamt) mit dem Antrage, die dem Tarifvertrag zuwider abgeschlossenen Arbeitsverträge für nichtig zu erklären. Die Firma Außenberg verweigert indessen die Einlassung, da das Tarifamt für sie nicht zuständig sei, und bestreitet im übrigen die behauptete Unwirksamkeit der Verträge.

15. Konkurrenz mehrerer Tarifverträge, Behördenkonkurrenz. Der Gutsbesitzer Boden läßt von seinen Landarbeitern, während auf dem Felde nichts zu tun ist, eine Stallung errichten. Die Landarbeiter verlangen hierfür Bezahlung nach dem für allgemeinverbindlich erklärten Bauarbeitertarif, während Boden ihnen nur die niedrigeren Löhne des Landarbeitertarifs zubilligen will.

Fünf einzelne Arbeiter klagen hierauf gegen Boden, und zwar zwei vor dem Amtsgericht, zwei vor dem Gewerbegericht und einer vor dem Schlichtungsausschuß, während gleichzeitig der Landarbeiterverband die tarifliche Schlichtungsstelle für Landarbeiter anruft, der Bauarbeiterverband dagegen den ordentlichen Schlichtungsausschuß.

16. Tariflose Zeit. Der Tarifvertrag zwischen der Firma Müller und ihren Angestellten ist zum 1. April abgelaufen. Die Angestellten verlangen vom 1. April ab eine Lohnerhöhung von 20 v. H., während die Firma Müller jede Lohnerhöhung ablehnt und ferner die Bestimmung des bisherigen Tarifvertrages, wonach die Arbeitszeit am Sonnabend nur 5 Stunden beträgt, künftig streichen will. Mangels Einigung wird am 5. April von den Angestellten der ordentliche Schlichtungsausschuß angerufen, der am 12. April einen

Schiedsspruch fällt, wonach eine Lohnerhöhung um 10 v. H. eintreten und der bisherige freie Nachmittag aufrechterhalten werden soll. Dieser Schiedsspruch wird von den Angestellten sogleich angenommen, vom Arbeitgeber dagegen abgelehnt und darauf am 25. April für verbindlich erklärt. Bestimmungen über rückwirkende Kraft enthält der Schiedsspruch nicht.

Die Angestellten verlangen für die Zeit vom 1. bis 12. April einen Zuschlag zum Lohn von 20 v. H., während der Arbeitgeber mindestens bis zum 25. April nur den bisherigen Lohn zahlen will. Auch verlangt der Angestellte A, der am ersten Sonnabend im April die Arbeit entgegen dem ausdrücklichen Verbot der Firma nach fünfstündiger Arbeitszeit verlassen hatte und deswegen sofort entlassen worden war, Zahlung des Gehalts bis zum ersten gesetzlichen Kündigungstermin, d. h. nach seiner Ansicht dem 1. Juli, und zwar in Höhe des neuen Tarifvertrages, also mit 10 v. H. Lohnzuschlag seit dem 1. April.

Das zur Entscheidung angerufene Kaufmannsgericht weist sämtliche Anträge der Angestellten mit der Begründung ab, nicht der gesetzliche Schlichtungsausschuß, sondern die in dem früheren Tarifvertrag vorgesehene tarifliche Schlichtungsstelle sei zuständig gewesen.

17. Tarifverletzung. Obwohl der Tarifvertrag zwischen dem Verband der Spediteure und dem Packerverband in S. bis zum 1. April 1922 läuft, legen die Packer der Firma Wagner am 15. Februar 1922 die Arbeit nieder und verlangen unter Hinweis auf die plötzlich eingetretene Teuerung eine einmalige Teuerungsbeihilfe. Die Firma Wagner erklärt darauf dem Packerverband, sie halte sich nunmehr ebenfalls nicht mehr an den Tarifvertrag für gebunden, teilt ihren Angestellten mit, daß sie wegen der wirtschaftlichen Zusammengehörigkeit beider Tarifverträge (für Arbeiter und Angestellte) auch deren Tarifvertrag für gelöst ansehe und fordert sowohl die Inhaber einzelner Speditionsbetriebe, wie den Verband der Spediteure auf, eine gleiche Erklärung abzugeben. Endlich klagt sie gegen den Packerverband sowie gegen dessen Vorstandsmitglieder auf Schadensersatz.

18. Tarifverletzung im Einzelbetrieb. Obwohl tarifvertraglich vor jeder wirtschaftlichen Kampfmaßregel die vorherige Anrufung der tariflich bestimmten Schlichtungsstelle vorgeschrieben ist, erklären die Angestellten der Firma Meier & Co. eines Morgens um 8 Uhr, ohne daß Verhandlungen vorangegangen wären, sie würden die Arbeit um 12 Uhr niederlegen, wenn ihnen nicht sämtlich bis dahin eine Lohnerhöhung von 15 v. H. zugestanden würde. Da die Firma dies ablehnte, verließen in der Tat sämtliche Angestellte um 12 Uhr die Arbeit. Beim Verlassen der Arbeit erklärte ihnen die Firma, ohne sich nunmehr ihrerseits an den Schlichtungsausschuß zu wenden, daß sie mit dem gleichen Tage sämtlich wegen Vertragsbruchs entlassen seien, und verweigerte die Wiedereinstellung, als die Angestellten am nächsten Tage sich wieder zur Arbeit meldeten.

19. Tarifverletzung durch einzelne Mitglieder. Der lange und erbitterte Kampf in der Textilindustrie in L. ist durch ein von den Vorständen der beiderseitigen Verbände am 1. April 1921 unterzeichnetes „Friedensabkommen" beendet worden, das u. a. die Bestimmung enthält, daß die entlassenen Arbeiter nach Möglichkeit wieder einzustellen sind und Maßregelungen nicht stattfinden dürfen. Der Fabrikbesitzer Tucher stellt indessen die Arbeiterin Spindler, die Mitglied des Betriebsrats gewesen war, nicht wieder ein, mit der Begründung, der Arbeitsplatz der Spindler sei inzwischen anderweitig besetzt und sonstige Stellen seien nach Wiedereinstellung der übrigen Arbeiter nicht frei. Darauf klagt die Spindler gegen Tucher auf Wiedereinstellung und Zahlung des Lohnes vom 2. April 1921 ab. Als sie kurze Zeit darauf erkrankt und infolge ihrer Arbeitslosigkeit weder die Leistungen der Sozialversicherung noch der Tucherschen Fabrik-Zuschußkasse erhält, erweitert sie ihren Klageanspruch auch noch auf Schadensersatz.

20. Konkurrenzklausel in Tarifverträgen. Der Tarifvertrag zwischen dem Verband der Hüttenbesitzer in E. und den Verbänden der technischen und kaufmännischen Angestellten daselbst bestimmt, daß Wettbewerbsverbote für technische Angestellte nicht auf länger als 6 Monate nach Auflösung des Arbeitsverhältnisses vereinbart werden dürfen, für kaufmännische Angestellte überhaupt ausgeschlossen sein sollen.

Trotzdem vereinbart der Hüttenbesitzer Stahlberg (Mitglied des Hüttenbesitzerverbandes) mit seinen sämtlichen Angestellten auf ein Jahr laufende Wettbewerbsverbote. Sein Schwager, der Hüttenbesitzer Walzheim, der indessen nicht Verbandsmitglied ist, hatte sogar mit seinen Angestellten Wettbewerbsverbote auf drei Jahre abgeschlossen, als bald darauf der Tarifvertrag für allgemeinverbindlich erklärt wurde. Als einige Angestellte in dem Glauben, nunmehr von dem Wettbewerbsverbote befreit zu sein, nach der Auflösung des Arbeitsverhältnisses dem Wettbewerbsverbot zuwider handeln, klagen sowohl Stahlberg wie Walzheim auf Unterlassung und Schadensersatz und stellen, als sie abgewiesen werden, allen früheren Angestellten gegenüber die gemäß § 74 ff. H. G. B. gezahlte Entschädigungsrente ein.

III. Betriebsvereinbarung und Arbeitsordnung.

21. Betriebsvereinbarung. Der Betriebsrat der Firma Müller hat mit dieser Firma eine Vereinbarung dahin getroffen, daß am 1. Mai die Arbeit ausfallen, und daß an diesem Tage auch kein Lohn gezahlt werden soll. Der Arbeiter Maier kommt trotzdem am 1. Mai zur Arbeitsstelle, erklärt sich zur Arbeit bereit und verlangt seinen Lohn, den die Firma unter Berufung auf die mit dem Betriebsrat getroffene Vereinbarung verweigert. Maier verklagt die Firma Müller vor dem Gewerbegericht auf Bezahlung. Der Betriebsrat seinerseits beantragt dagegen bei dem Schlichtungsausschuß festzustellen, daß ein Recht des Maier auf Lohn nicht bestehe.

22. Zustandekommen der Arbeitsordnung. Der vom Arbeitgeber vorgelegte Entwurf einer Arbeitsordnung enthielt als Gründe zur sofortigen Entlassung unter wörtlicher Übernahme des § 123 der Gewerbeordnung lediglich die dort angeführten 8 Fälle. Der Betriebsrat versagte jedoch dem Entwurf die Zustimmung und verlangte die Streichung der Familienangehörigen in Nr. 5 und 7. Der Schlichtungsausschuß entschied im Sinne des Betriebsrats, und die Arbeitsordnung wurde demgemäß unter Weglassung der auf die Familienangehörigen bezüglichen Bestimmungen erlassen. — Die untere Verwaltungsbehörde beanstandete indessen die Fassung und verlangte Wiederherstellung des gesetzlichen Textes. Der Betriebsrat widersprach abermals, und auch der wiederum angerufene Schlichtungsausschuß blieb bei seiner ersten Entscheidung. Nunmehr erließ die untere Verwaltungsbehörde von sich aus die Arbeitsordnung in dem von ihr gewünschten Sinne, und zwar mit ihrer Unterschrift. Der Betriebsrat erklärte dagegen in einem eigenen Anschlag diese Arbeitsordnung für rechtsunwirksam und legte Beschwerde bei der höheren Verwaltungsbehörde ein. Diese verwarf indessen die Beschwerde, weil der Betriebsrat kein eigenes Beschwerderecht habe.

23. Arbeitsordnung in der Landwirtschaft. Der Gutsbesitzer Boden, der während der Erntezeit mindestens 30 Arbeiter beschäftigt, welche einen Betriebsrat gebildet haben, verweigert die von dem letzteren verlangte Aufstellung einer Arbeitsordnung mit der Begründung, die Bildung eines Betriebsrats sei zu Unrecht erfolgt. Der Betriebsrat verklagt darauf den Gutsbesitzer vor dem Schlichtungsausschuß auf Erlaß einer Arbeitsordnung, und dieser erläßt einen dahingehenden Schiedsspruch, dem der Arbeitgeber indessen keine Folge gibt. Wie ist zu helfen?

24. Abdingbarkeit, Geltungsbereich. In dem Brauereibetrieb von Malzbach, in dem 30 Arbeiter und 5 Angestellte beschäftigt sind, bestimmt die Arbeitsordnung, daß bei zweimaligem Zuspätkommen innerhalb eines Monats der Arbeitgeber zu sofortiger Entlassung berechtigt sein solle. Mit der Stenotypistin hat Malzbach darüber hinaus schriftlich vereinbart, daß sie schon bei einmaligem Zuspätkommen entlassen werden könne. Als dieser Fall eintritt, macht Malzbach von diesem Recht Gebrauch; die Stenotypistin bestreitet indessen die Zulässigkeit unter Hinweis auf die Arbeitsordnung und erhebt Einspruch bei dem Betriebsrat. Malzbach hält diesen Einwand sowohl sachlich wie formell für unberechtigt, letzteres weil die Arbeitsordnung versehentlich nur seine eigene Unterschrift und nicht die des Betriebsrats trage, und bestreitet ferner die Zuständigkeit des Betriebsrats für den vorliegenden Fall.

25. Arbeitsordnung und Tarifvertrag. Entgegen dem maßgebenden Tarifvertrag, der den Beginn der Arbeitszeit auf $8^1/_2$ Uhr morgens festsetzt, bestimmt die Arbeitsordnung des Warenhauses Müller & Co., daß die Arbeitszeit bereits um 8 Uhr beginnt. Der Landrat, welcher zunächst gegen die Arbeitsordnung nichts eingewendet und auf Befragen von Müller sogar erklärt hatte, sie gebe zu Ausstellungen keinen Anlaß, forderte zwei Monate nach Erlaß der Arbeitsordnung die Firma Müller & Co. auf, diese Bestimmung durch eine tarifmäßige zu ersetzen und erließ, als die Firma sich weigerte, eine polizeiliche Strafverfügung gegen die drei Inhaber. Gleichzeitig verklagte die an dem Tarifvertrag beteiligte Gewerkschaft die Firma vor dem Schlichtungsausschuß auf Abänderung der fraglichen Bestimmung, trotzdem der Betriebsrat der Firma Müller & Co. dieser Klage mit dem Hinweis widersprach, er habe jener Bestimmung der Arbeitsordnung im Einverständnis mit der Arbeiterschaft ausdrücklich zugestimmt.

26. Fakultativer Inhalt. Eine Arbeitsordnung enthält eine Bestimmung, wonach die Versäumung des sonntäglichen Gottesdienstes mit 20 Mark Geldstrafe bestraft wird. Die Arbeiter A, B und C, von denen C erst 15 Jahre alt ist, halten die Bestrafung aber schon darum für unberechtigt, weil sie die diesbezügliche Bestimmung der Arbeitsordnung gar nicht gekannt hätten, die Arbeitsordnung ihnen bisher auch nicht ausgehändigt worden sei.

27. Fakultative Arbeitsordnung — Strafen. In den Arbeitsräumen eines Bankgeschäftes mit 50 Angestellten ist eine Arbeitsordnung ausgehängt, worin Strafbestimmungen nicht vorgesehen sind. Mit Rücksicht auf wiederholtes Zuspätkommen einzelner Angestellter erklärt der Prinzipal eines Tages, daß künftig jeder Angestellte, der zu spät kommt, in 10 Mark Strafe genommen werden würde, und will diesen Betrag tatsächlich einem Angestellten, der bald darauf zu spät kommt, bei der Lohnzahlung in Abzug bringen.

28. Geltungsbeginn der Arbeitsordnung. Der Schuhfabrikant Ledermann in P. hat mit seinen Arbeitern monatliche Kündigung vereinbart. Die in der Fabrik bestehende Arbeitsordnung hatte bisher den Beginn der Arbeitszeit auf

8 Uhr früh festgesetzt. Diese Arbeitsordnung wurde am 1. April durch eine ordnungsmäßig erlassene neue Arbeitsordnung ersetzt, die am 15. April in Kraft treten sollte und den Beginn der Arbeitszeit auf 7 Uhr früh festsetzte. Der Arbeiter Stiefel weigerte sich indessen, vor 8 Uhr seinen Dienst anzutreten, zumal er in einem entfernten Vorort von P. wohne und der erste Frühzug erst um 7 $^1/_2$ Uhr in P. eintreffe. Als Stiefel am 15. April erst um 8 Uhr zur Arbeit erschien, wurde er von Ledermann fristlos entlassen. Stiefel bestritt die Rechtmäßigkeit dieser Entlassung auch schon darum, weil die neue Arbeitsordnung bisher nicht behördlich genehmigt und weil sie ferner zwar den seit dem 1. April neu eingetretenen, nicht aber den bisherigen Arbeitern in der Fabrik des Ledermann ausgehändigt worden sei.

IV. Arbeitsvermittlung und Arbeitsbeschaffung.

29. Inserat. Die Firma Eisenberg zeigte in der Morgenzeitung an, daß sie 5 Dreher suche. 3 arbeitslose Dreher, die diese Anzeige unmittelbar nach Erscheinen der Zeitung lasen, nahmen sich sogleich ein Auto, um als Erste zur Stelle zu sein und eingestellt zu werden. Bei ihrer Meldung bei der Firma Eisenberg wurde ihnen aber gesagt, daß zwar noch niemand eingestellt sei, und daß sie auch den gestellten Anforderungen genügten, daß die Firma sich aber inzwischen anders entschlossen habe, so daß zur Zeit Neueinstellungen nicht in Frage kämen. Die 3 Dreher verlangten jedoch unter Hinweis auf die Anzeige trotzdem Einstellung, mindestens aber Lohn für einen Tag und Ersatz ihrer Fahrkosten oder doch der Kosten, die sie bei Benutzung der Straßenbahn gehabt hätten.

30. Gewerbsmäßige Stellenvermittlung — Konzessionspflicht. Die Morgenzeitung in M. gibt täglich als besondere Beilage einen „Arbeitsmarktanzeiger" heraus, der auch für sich allein käuflich ist. Dort werden gegen Zeilengebühr Arbeitsgesuche und offene Stellen aufgenommen. Der

Arbeitsnachweis in M. verlangt eines Tages die sofortige Einstellung dieses Anzeigers als gewerbsmäßige Stellenvermittlung und droht im Falle der Weigerung mit Zwangs- und Strafmaßnahmen.

31. Gewerbsmäßige Stellenvermittlung — Vertragsbruch. Die gewerbsmäßige Stellenvermittlerin Frech in M. hatte dem Dienstmädchen Minna Untreu zunächst eine Stelle bei dem Geheimrat Altenberg nachgewiesen und von Altenberg die Gebühr eingezogen. Einige Tage später ließ sie sich indessen von Frau Kommerzienrat Neureich, die ihr hierfür eine Extragebühr von 200 Mark versprach, bereden, die Untreu zu veranlassen, an Altenberg zu schreiben, sie sei krank geworden und könne ihren Dienst dort nicht antreten, und statt dessen bei Neureich einzutreten. Da Frau Neureich mit dem Mädchen nicht zufrieden war, weigerte sie sich, an die Frech die Extragebühr von 200 Mark zu zahlen und wurde von der Frech auf Zahlung verklagt. Altenberg, der an die Krankheit geglaubt und den Dienstantritt der Untreu einen Monat später erwartet hatte, verlangte, als er sich auch hierin getäuscht sah,. von der Frech die gezahlte Gebühr zurück, was diese wegen Fristablauf ablehnte, sowie Schadenersatz sowohl von Frau Frech wie von Frau Neureich, da die als Ersatz für die Untreu eingestellte Aufwartefrau 50 Mark mehr Monatsgehalt beansprucht habe und unter Mitnahme mehrerer Garderobestücke ausgerückt sei. Ferner erhob der Bürgermeister von M., der gelegentlich einer Privatgesellschaft diesen Sachverhalt von Altenberg erfuhr, gegen die Frech Klage auf Konzessionsentziehung.

32. Arbeitsnachweis: Organisation und Aufsicht. Auf Wunsch des Verbandes der Metallarbeiter und gegen den Widerspruch des Verbandes der Metallindustriellen in P. hatte der Verwaltungsausschuß des Arbeitsnachweises in P. die Bildung einer eigenen Fachabteilung für die Metallindustrie beschlossen. Der Verband der Metallindustriellen erhob gegen diesen Beschluß Beschwerde bei dem Landesamt, wurde aber abgewiesen. Die städtischen Körperschaften lehnten indessen die für die Bildung der Fachabteilung erforderlichen Mittel ab, und die Kommunalaufsichtsbehörde billigte diesen Standpunkt. Nunmehr beschloß der Verwaltungsrat, daß die Beamten und Angestellten des Arbeitsnachweises jede weitere Vermittlungstätigkeit auf dem Gebiet der Metallindustrie einzustellen hätten, während gleichzeitig der Bürgermeister bei Befolgung dieses Beschlusses mit Einleitung eines Disziplinarverfahrens drohte.

33. Arbeitsnachweis: Vermittlungstätigkeit. Die Konfektionsfirma Blusenheim verlangte vom Arbeitsnachweis Zuweisung von 3 Näherinnen zu einem Stundenlohn von 5 Mark. Der Vermittlungsbeamte Ernst lehnte es indessen ab, die Vermittlung zu so geringem Lohn zu übernehmen, selbst wenn sich unter den vielen arbeitslosen Näherinnen einzelne bereit finden sollten. Auch handele es sich um Streikarbeit.

Blusenheim fragt an, ob und wo er hiergegen Beschwerde einlegen könne.

34. Arbeitsnachweis: Haftung. Der Vermittlungsbeamte Amtlich bei dem Arbeitsnachweis in R. hatte der Kommerzbank in R., welche einen Buchhalter suchte, den Handlungsgehilfen Langfinger zugewiesen, der sich unter den für derartige Stellen bei dem Arbeitsnachweis vorhandenen Bewerbern zeitlich am frühesten gemeldet hatte, obwohl andere buchhalterisch geschulte Arbeitskräfte bei dem Arbeitsnachweis ebenfalls gemeldet waren. Auf die telephonische Erkundigung der Bank über Langfinger erklärte Amtlich, es sei ihm nichts Nachteiliges über Langfinger gemeldet worden, obwohl Amtlich, der mit Langfinger im gleichen Hause wohnte, vom Portier dieses Hauses einmal gelegentlich eines Gesprächs über die verschiedenen Hausbewohner erfahren hatte, Langfinger sei ein unzuverlässiger Mensch und solle sogar vorbestraft sein.

Langfinger benutzte seine Stellung bei der Kommerzbank alsbald zu Unterschlagungen, worauf die Bank sowohl Amtlich wie die Stadtgemeinde R. auf Schadensersatz verklagte.

35. Beschäftigung Schwerbeschädigter. Müller hatte vor dem Kriege als Monteur infolge eines Betriebsunfalles das eine Auge verloren und bezog deswegen eine Rente von $33^1/_3$ v. H. Infolge dieser Behinderung hatte er seinen bisherigen Beruf aufgegeben und Buchhaltung gelernt und arbeitete nunmehr bis zu seiner militärischen Einziehung im

Kriege im Bankgeschäft von Reichberg in Berlin. Im Kriege erhielt er eine Verletzung am linken Arm und bezog deswegen eine Militärrente von 20 v. H. Auch nach dem Kriege arbeitete er wiederum als Buchhalter bei der Firma Reichberg, wurde aber dort wegen gröblicher Beleidigung eines Prokuristen eines Tages sofort entlassen. Da dem Müller bekannt war, daß die Firma Neufeld in Dresden damals Buchhalter suchte, wandte er sich dorthin und verlangte Einstellung, wurde aber abgewiesen, da die Firma von den 155 bei ihr bestehenden Arbeitsstellen bereits 4 mit Schwerbeschädigten besetzt habe und beabsichtigt sei, die neue Buchhalterstelle mit einem entfernten Verwandten des Herrn Neufeld, der soeben seine Lehrzeit bei einer anderen Bank beendet habe, zu besetzen.

Der Schlichtungsausschuß verurteilte auf die sowohl von Müller wie von der Hauptfürsorgestelle angestrengte Klage die Firma Neufeld zur Einstellung des Müller, Neufeld lehnte indessen, da er inzwischen seinen Verwandten bereits eingestellt hatte und eine weitere Arbeitsstelle als Buchhalter bei ihm nicht verfügbar war, nach wie vor sowohl die Beschäftigung wie die Bezahlung des Müller ab, verbot ihm das Betreten der Geschäftsräume und die Teilnahme an den Betriebsratswahlen, kündigte ihm für alle Fälle zum ersten Quartalsersten und verwies ihn sowie die Hauptfürsorgestelle in Dresden auf das Bankgeschäft von Baier in München, das nach einem Zeitungsinserat Buchhalter suche.

36. Beschäftigung Schwerbeschädigter — Erwerbslosenfürsorge. Der Erwerbslose Müller, der täglich mit einem Leierkasten an der Ecke der belebten Hauptstraße sitzt, verlangt vom Arbeitsnachweis einen Schwerbeschädigten, der ihn zur Erhöhung seiner Einnahmen durch Erregung des Mitleids der Passanten begleiten soll. Der Arbeitsnachweis überweist darauf durch Vermittlung der Kriegsfürsorgestelle dem Müller den völlig erblindeten Schulz, und stellt gleichzeitig die Erwerbslosenunterstützung des Müller ein. Schulz verweigert indessen den Dienstantritt und verlangt vielmehr seinerseits Erwerbslosenunterstützung, worauf ihm die Hauptfürsorgestelle mit Entziehung der Eigenschaft als Schwerbeschädigter droht.

37. **Wiedereinstellung von Kriegsteilnehmern.** Der Kaufmann Zwirn war von der Teppichfabrik Faden & Co. bis zu seiner militärischen Einziehung bei Kriegsausbruch als Reisender beschäftigt gewesen. Vom Felde heimgekehrt, meldete er sich sogleich bei Faden zurück, der ihm zwar, wie auch schon während des Krieges, das frühere Gehalt weiter zahlte, ihm aber wiederholt sagte, eine Beschäftigungsmöglichkeit für Reisende bestehe bei seiner Firma nicht mehr, und ihm auch tatsächlich keine Reisen mehr übertrug.

Als Faden nach Ablauf eines Jahres seine Zahlungen überhaupt einstellte, und Zwirn deswegen vorstellig wurde, erwiderte Faden, er habe bisher ohne rechtliche Verpflichtung hierzu aus Gutmütigkeit gezahlt, lehne aber weitere Zahlungen ab. Zwirn verklagte den Faden hierauf vor dem Schlichtungsausschuß, da nach Maßgabe seines Vorkriegsvertrages die Kündigung nur mit Einhaltung einer Frist von 6 Wochen zum Quartalsersten zulässig sei, Faden eine Kündigung bisher aber nicht ausgesprochen habe. Faden verweigerte die Einlassung wegen Unzuständigkeit.

38. **Weiterbeschäftigung.** Da in der Automobilfabrik von Renner die Aufträge gegenüber dem Vorjahre um 50 v.H. zurückgegangen sind, beabsichtigt Renner, die Hälfte seiner Arbeiter zu entlassen. Er wählt hierfür diejenigen aus, die bei dem letzten Streik besonders hervorgetreten sind, die sämtlichen Betriebsratsmitglieder und die an Lebensalter jüngsten und kündigt ihnen unter Einhaltung der vertragsmäßigen Kündigungsfrist.

Darf Renner in dieser Weise vorgehen?

39. **Betriebsabbruch.** Der Seifenfabrikant Dickhaut, der 30 Arbeiter beschäftigt, ist mit Zustimmung des Wohnungsamts zur Räumung der von ihm benutzten Werkstatt gerichtlich verurteilt worden, verweigert diese Räumung aber trotzdem. Als der Gerichtsvollzieher die Räumung gewaltsam vornehmen und die eingebauten Maschinen entfernen will, wendet sich Dickhaut an den Demobilmachungskommissar, der auf Grund der Stillegungsverordnung den Betrieb mit allem Inventar für beschlagnahmt erklärt.

Der Gerichtsvollzieher fragt an, wie er sich verhalten soll.

V. Arbeitsvertrag.

40. Dienst- und Werkvertrag. Der Maschinenfabrikant Neumann hatte den Ingenieur Pech zur Konstruktion und Montage einer neuartigen Rotationsmaschine angestellt, die Neumann in den Grundzügen erdacht hatte und von Pech durchkonstruieren und ausführen lassen wollte. Als Honorar waren 30 000 Mark vereinbart, die unter Annahme einer voraussichtlichen Höchstbeschäftigungsdauer von 6 Monaten in sechs Monatsraten von je 5000 Mark zahlbar sein sollten.

Pech begann mit seinen Arbeiten am 1. Februar. Bereits am 20. Februar überzeugte sich indessen Neumann von der Unbrauchbarkeit der Maschine. Er erklärte daher dem Pech, die Arbeit sei einzustellen, und überwies ihm einmalig 5000 Mark. Pech verlangte dagegen sowohl Fortführung der Arbeiten, wie Zahlung von 30 000 Mark, mindestens aber Zahlung bis zum 1. Juli, also 25 000 Mark.

41. Anstellungsverhältnis. Die Maschinenschreiberin Frida Tippchen, die im übrigen in ihrer Wohnung die Anfertigung von Schreibarbeiten übernahm, und auch durch ein Schild an der Wohnungstür „Büro für Schreibmaschinenarbeiten" auf diese Tätigkeit hinwies, hatte es übernommen, jeden Morgen von 9 bis 12 Uhr mit ihrer Maschine im Kontor der Firma Schwierig zu sein und dort Arbeiten nach Diktat auszuführen, die für die Seite mit 3 Mark vergütet werden sollten. Weitere Vereinbarungen waren nicht getroffen.

In den ersten Tagen verdiente die Tippchen durch diese Tätigkeit bei Schwierig täglich durchschnittlich etwa 75 Mark. Da sie indessen viele Schreibfehler und sogar orthographische Fehler machte, und besonders der ausländischen Korrespondenz nicht gewachsen war, stellte schwierig seine Diktate ein, so daß die Tippchen im Büro meist unbeschäftigt dasaß. Als sie sich hierüber bei Schwierig beschwerte, erklärte ihr dieser, er lege keinen Wert mehr darauf, daß sie weiter in sein Büro komme. Die Tippchen glaubte dagegen, sie könne nur mit monatlicher Kündigungsfrist zum Monatsersten entlassen werden, zumal ein inzwischen für allgemeinverbindlich erklärter Tarifvertrag für Stenotypistinnen eine solche Kündigungsklausel enthielt, und verlangte bis dahin täglich 75 Mark.

42. Arbeitsverträge mit Minderjährigen und Ehefrauen. Da der Tischler Kümmel fast seinen gesamten Verdienst vertrinkt, so daß seine Frau und sein 15jähriger Sohn in fortgesetzter Not sind, beschließen diese selbständig Arbeit zu suchen. Frau Kümmel vermietet sich bei dem Gutsbesitzer Acker als Dienstmädchen, der junge Kümmel daselbst als Knecht. Kümmel schreibt darauf an Acker, daß er den Vertrag seiner Frau für nichtig erkläre und Acker für jeden Schaden, der ihm dadurch erwachse, daß seine Frau ihm nicht mehr die Wirtschaft führe, verantwortlich mache. Den Vertrag mit seinem Sohn erwähnt er nicht.

Als indessen der Sohn einige Monate darauf dem Acker kündigt und bei dem Tischler Emsig eintritt, schreibt Kümmel an diesen, daß er den Arbeitsvertrag seines Sohnes für nichtig erkläre, zumal der junge Kümmel kein Arbeitsbuch besitze, daß er von seinem Sohn Arbeit in der eigenen Tischlerei verlange und den Emsig für den Schaden haftbar machen werde.

43. Mitbestimmungsrecht bei Einstellungen. Die zwischen dem Fabrikbesitzer Schrot und dem Angestelltenrat über die Einstellung von Angestellten vereinbarten Richtlinien enthalten die Bestimmung, daß die Einstellung nicht von der politischen Betätigung abhängig gemacht werden darf. Als Schrot am 10. April den früheren Hauptmann Helm auf drei Jahre als Privatsekretär einstellt, der für seine neue Stellung keine eigentliche Vorbildung mitbringt, von dem aber bekannt ist, daß er bei den letzten Wahlen stark agitatorisch für die gleiche Partei eingetreten ist, der auch Schrot angehört, erhebt der Angestelltenrat bei Schrot am 15. April Einspruch, verlangt die sofortige Entlassung des Helm und verhindert die Mitwirkung des Helm bei der Neuwahl zum Angestelltenrat. Da die Verhandlungen zu keinem Ziel führen, ruft der Angestelltenrat rechtzeitig den Schlichtungsausschuß an. Dieser entscheidet am 15. Mai, daß das Dienstverhältnis zwischen Schrot und Helm zum 1. Juni als gelöst gilt. Schrot beschäftigt indessen den Helm trotzdem weiter, zumal Helm erklärt, daß er das Gehalt für die drei Jahre jedenfalls von Schrot fordern werde.

44. Ersatzmann—Haftung. Berger, der zum 1. Oktober als Kassierer von dem Warenhaus Müller & Co. angestellt war, hat den Dienstantritt verweigert, weil er inzwischen eine besser bezahlte Stelle im Geschäft von Schulze & Co. gefunden hat, bietet indessen seinem Freund Windig, der zur Zeit erwerbslos sei, als Ersatzmann an. Am 5. Oktober nimmt Müller dieses Anerbieten an und stellt den Windig ein. Am 15. Oktober brennt dieser indessen mit der Kasse durch.

Müller & Co. klagen nunmehr gegen Berger auf Dienstantritt und Schadenersatz und verkünden wegen des letzteren Anspruchs zugleich Schulze & Co. den Streit.

45. Gruppenakkord. Der Hausbesitzer Sauber vereinbart mit dem Kolonnenführer Häuptling, daß letzterer mit seiner aus 30 Mann bestehenden Kolonne Reparaturarbeiten, insbesondere Abputzarbeiten seines stark verfallenen Hauses gegen einen Pauschallohn von 15 000 Mark vornehmen solle. Häuptling verteilt die Arbeiten unter die Kolonnenmitglieder. Nach Beendigung der Arbeiten zahlt Sauber den ausbedungenen Lohn an Häuptling, der ihn unter die Kolonne verteilt. Erst später stellt sich indessen heraus, daß die von dem Kolonnenmitglied Müller vorgenommenen Arbeiten mangelhaft sind. Auch hatte Müller durch Unachtsamkeit eine Fensterscheibe zertrümmert und sowohl dem Portier des Hauses wie einem anderen Kolonnenmitglied Garderobenstücke entwendet, und ist nach Empfangnahme seines Lohnanteiles spurlos verschwunden.

Sauber verlangt von Häuptling sowohl Nachbesserung der mangelhaften Arbeiten wie Ersatz der Fensterscheibe, während andererseits der bestohlene Portier sowie das bestohlene Kolonnenmitglied den Sauber auf Schadenersatz verklagen, worauf Sauber auch deswegen dem Häuptling den Streit verkündet.

Häuptling lehnt jede Haftung für sich wie für die anderen Kolonnenmitglieder ab, zumal Müller Schwerbeschädigter sei, der ihm von der Hauptfürsorgestelle überwiesen worden war.

46. Geschäftsübergang. Am 27. September wird den Angestellten des Warenhauses Müller & Co. durch Anschlag mitgeteilt, daß das gesamte Geschäft vom 1. Oktober ab auf den Kaufmann Lehmann übergehe. Ein Teil der Angestellten verweigert darauf unter Aufrechterhaltung ihrer Gehaltsansprüche gegen Müller vom 1. Oktober ab jede weitere Dienstleistung, während der größere Teil, teilweise unter Protest, die Arbeit fortsetzt. Am 1. Dezember wird über das Vermögen von Lehmann das Konkursverfahren eröffnet. Die Angestellten melden zwar ihre Forderungen zur Konkursmasse an, in der nur 10 v. H. liegen, teilen aber dem Müller mit, daß sie ihn in Höhe von 90 v. H. verantwortlich machen würden.

47. Umfang der Dienstpflicht. In dem Warenhaus von Schick ist ein großer Teil des Personals an Grippe erkrankt und zu Hause geblieben. Da es besonders an Verkäufern fehlt, fordert Schick einige seiner Buchhalter und Korrespondenten auf, als Verkäufer auszuhelfen. Als diese eine solche Tätigkeit ablehnen, entläßt sie Schick fristlos und zieht ihnen die Hälfte des bis zum Entlassungstag verdienten Lohnes als Schadenersatz ab, weil viele Käufer wegen fehlender Verkäufer das Warenhaus ohne Einkauf verlassen hätten.

48. Erfindungen von Angestellten. Dem Betriebsinspektor Findig, der in dem Betriebe des Fabrikbesitzers Rabe 3 Jahre lang die Aufsicht über das Walzwerk geführt hat, gelingt auf Grund der dort gesammelten Erfahrungen die Erfindung einer verbesserten Arbeitsmethode für Walzarbeiten. Findig läßt sich diese Erfindung patentieren. Rabe, der hiervon erfährt, beansprucht die Verwertung dieser Erfindung indessen für sich selbst.

49. Überstunden. Der Fabrikbesitzer Strenge verlangt, obwohl nur tägliche Arbeitszeit bis 4 Uhr nachmittags vereinbart ist, von seinen Arbeitern und Angestellten, daß sie die Arbeit nicht verlassen, ehe angefangene Arbeiten gesichert sind, die Korrespondenz vollständig erledigt ist und Werkzeuge und sonstige Utensilien aufgeräumt sind. Dadurch verlängert sich die Arbeitszeit fast täglich um eine halbe Stunde, zum Monatsschluß sowie zu Zeiten der Inventuraufnahme oft um mehrere Stunden. Auch wird der Lohn an den Sonnabenden erst nach 4 Uhr bezahlt.

Sind die Arbeiter sowie die technischen und kaufmännischen Angestellten zu einer solchen Überarbeit verpflichtet, bzw. können sie dafür eine besondere Vergütung verlangen? Müssen es auch die jüdischen Angestellten an den Vorabenden ihrer Feiertage nach Sonnenuntergang, zu welchem Zeitpunkt der Feiertag beginnt?

50. Überarbeit in der Landwirtschaft. Bei günstiger Witterung sowie in der Zeit der Bestellung und Ernte verlangt der Gutsbesitzer Boden von seinen Arbeitern eine weitgehende Überschreitung der vereinbarten Arbeitszeit, ohne hierfür eine besondere Vergütung zu zahlen. Er rechnet ferner die Arbeitszeit erst von dem Augenblick des eigentlichen Arbeitsbeginnes an, also ohne Hinweg und Rückweg und ohne Pausen, und zieht für Feiertage den Betrag eines Tagelohnes ab.

Ist Boden hierzu berechtigt?

51. Gehorsamspflicht. Der Heizer Feuerstein hatte die von ihm zu heizenden Kessel bisher stets auf 60 Grad erhitzt. Der neuernannte Betriebsdirektor Besserweiß verlangte indessen die Erhitzung bis auf 80 Grad und blieb bei dieser Anweisung, obwohl Feuerstein ihn dringend bat, davon abzusehen, da die bisherige Heizung voll ausgereicht habe, so daß ein unnötiger Verbrauch an Kohlen entstehe, daß eine solche Erhitzung für ihn selbst eine bedeutende Mehrarbeit darstelle, daß er bei seinem Lungenleiden Gefahr laufe, Schaden an seiner Gesundheit zu nehmen, und daß einer der Kessel eine so starke Hitze auch gar nicht vertragen, sondern explodieren werde. Da Besserweiß mit fristloser Entlassung im Falle weiterer Weigerung drohte (mit Recht?), so fügte sich Feuerstein dem Befehl. Tatsächlich platzte indessen hierdurch der eine Kessel, Feuerstein selbst, Besserweiß sowie mehrere Arbeiter wurden erheblich verletzt, und großer Sachschaden wurde hervorgerufen.

Nunmehr wurde gegen Feuerstein Anklage erhoben. Ferner klagten der Betriebsinhaber, Besserweiß, die Mitarbeiter und die zur Unfallentschädigung verpflichtete Berufsgenossenschaft gegen Feuerstein auf Schadenersatz, während dieser wiederum den Besserweiß und den Betriebsinhaber auf Ersatz des eigenen Schadens verklagte und ihnen wegen der gegen ihn erhobenen Ansprüche den Streit verkündete.

52. Bedeutung politischer Gegensätze. Der bei der kommunistischen Zeitung „Der rote Hahn“ angestellte Setzer

Königsberger, der sich dort tadellos geführt hat, wird fristlos entlassen, weil er bei der letzten Wahl seinen Chef, den Zeitungsinhaber Feuerstrom, auf der Straße vor dem Wahllokal nicht gegrüßt, auch der von Feuerstrom gegebenen Anweisung zuwider offenbar nicht kommunistisch gewählt hatte, da er den kommunistischen Wahlzettel mit Zeichen der Verachtung zurückwies und nur die sonstigen Wahlzettel einsteckte, weil er ferner im Wahllokal sogar laute monarchistische Gespräche geführt hatte und Mitglied eines nationalen Arbeitervereins geworden war.

Königsberger bestreitet die Zulässigkeit der fristlosen Entlassung und erhebt ferner Einspruch gegen eine etwa damit verbundene fristgemäße Kündigung.

53. **Schweigepflicht.** Plauderbach ist seit dem 1. Januar in der Chemischen Fabrik von Schüler angestellt, wo die berühmte Borolinsalbe fabriziert wird. In angeheitertem Zustand teilt er eines Abends am Stammtisch das Rezept dieser Salbe mit. Schüler, der hiervon erfährt, entläßt den Plauderbach fristlos, verklagt ihn ferner auf Schadenersatz und stellt Strafantrag gegen ihn. Plauderbach verteidigt sich damit, daß er das Rezept schon vor seinem Eintritt bei Schüler im Dezember von seinem Vorgänger erfahren habe, daß er im Betriebe offiziell gar keine Gelegenheit gehabt habe, das Rezept kennen zu lernen, daß er vielmehr die Richtigkeit der Angaben seines Vorgängers nur dadurch habe nachprüfen können, daß das Rezept auf dem Schreibtisch von Schüler lag, als er einmal einen Augenblick allein in dessen Bureau war, und daß andere Konkurrenzfirmen sich die Kenntnis von dem Rezept durch Bestechung von 2 Angestellten der Firma Schüler, deren Namen zu nennen er sich aber weigere, bereits verschafft hätten.

54. **Wettbewerbsverbot.** Bauer, der in der Butterhandlung von Fettig als Verkäufer angestellt ist, läßt sich vor Weihnachten aus seiner pommerschen Heimat 30 Kilo Butter und 10 Zentner Mehl kommen, die er an eigene Bekannte, sowie an Kunden des Fettig verteilt. Fettig, der hiervon erfährt, verlangt Herauszahlung des gesamten Gewinns, ferner Ersatz der Differenz zwischen dem von Bauer erzielten Butterpreis von 40 Mark pro Pfund und dem von ihm selbst ver-

langten Preis von 50 Mark pro Pfund und endlich sofortige Einstellung eines von der Frau Bauer seit 2 Jahren betriebenen Grünkramladens, von dessen Existenz er ebenfalls erst jetzt erfahren haben will.

Bei dieser Gelegenheit erfährt Fettig zugleich, daß die Frau seines Kutschers Roller ebenfalls ein kleines Buttergeschäft betreibt, bei dem ihr Roller außerhalb seiner Arbeitsstunden bei Fettig hilft. Obwohl Roller sich keine Unregelmäßigkeiten im Geschäft des Fettig hat zu Schulden kommen lassen, entläßt ihn Fettig doch sogleich fristlos.

55. Schmiergelder. Im Delikateßwarengeschäft von Wurster besorgt der Prokurist Köster den Einkauf und die Prüfung der benötigten Fleischwaren. Der Gutsbesitzer Schmierer, der das Geschäft von Wurster mit derartigen Waren beliefert, legt jeder Sendung an Wurster ein kleines Paket mit Waren für Köster unentgeltlich bei, und als eines Tages der Verkäufer Schnüffel dies bemerkt, gibt ihm Köster einen Teil der Waren ab, bittet ihn aber um Stillschweigen. Als Wurster hiervon erfährt, entläßt er sowohl Köster wie Schnüffel fristlos, verlangt von beiden Herausgabe der empfangenen Waren bzw. ihres Wertes zu dem im Wursterschen Geschäft üblichen Verkaufspreis und erstattet Strafanzeige gegen beide wegen Betruges.

56. Anzeigepflicht. In dem Warenhaus von Massenbach verübt der Kassierer Marder in Gemeinschaft mit der Verkäuferin Ungetreu fortgesetzt Unterschlagungen. Der Packer Binder hat beide einmal genau beobachtet und belauscht, so daß er hierfür Beweise hat, während die Verkäuferin Freund und der Prokurist Stift eine Unredlichkeit von Marder und der Ungetreu zwar ebenfalls vermuten und bei den intimen Beziehungen, die zwischen ihnen selbst bestehen, auch wiederholt miteinander besprochen haben, ohne aber bestimmte Tatsachen zu kennen. Als Marder und die Ungetreu einige Monate später von Massenbach abgefaßt werden und dieser erfährt, daß Binder, Stift und die Freund die Unredlichkeit der beiden schon längst gewußt bzw. vermutet haben, ohne ihm hiervon Mitteilung zu machen, entläßt er alle 3 fristlos und verklagt sie auf Schadenersatz, und begründet die Entlassung des Stift und der Freund zugleich mit deren unerlaubten Beziehungen, von denen er erst jetzt erfahren haben will.

57. Ersatzpflicht. Zahlreiche Schuhe, die in der Schuhfabrik von Stiefelberg hergestellt sind, werden von den Schuhhändlern zurückgewiesen bzw. nur zu einem ermäßigten Preise abgenommen, weil sie fehlerhaft gearbeitet sind. Von einigen Schuhhändlern werden sogar infolgedessen die Geschäftsbeziehungen zu Stiefelberg abgebrochen. Bei der von Stiefelberg vorgenommenen Prüfung stellt sich heraus, daß diese fehlerhaften Schuhe von dem 18 Jahre alten Arbeiter Leisten angefertigt sind, worauf Stiefelberg von Leisten Schadenersatz verlangt. Dieser lehnt indessen jede Haftung ab, zumal die Schuhe vor der Versendung erst auf ihre Brauchbarkeit hätten geprüft werden müssen und Stiefelberg bei der Jugend und geringen Erfahrung von Leisten bessere Arbeit gar nicht hätte erwarten können, was auch aus dem geringen Gehalt von monatlich nur 1500 Mark folge.

58. Wucherische Arbeitsverträge. Der Kaufmann Geizig überträgt den Nachhilfeunterricht seines Sohnes dem Studenten Müller, von dem er weiß, daß er in größter wirtschaftlicher Not ist und daher auf jede Bedingung eingehen muß, gegen ein Stundenhonorar von 2 Mark und eine Tasse Kaffee. Nachdem Müller 3 Monate lang den Unterricht erteilt und wöchentlich das Honorar stillschweigend genommen hat, erklärt er zwei Wochen vor dem Examen, also zu einem Zeitpunkt, wo der junge Geizig seine Hilfe besonders dringend braucht, dessen Vater, er werde den Unterricht nur fortsetzen, wenn er für die vergangenen drei Monate 50 Mark für jede gegebene Stunde nachgezahlt erhalte und für die beiden kommenden Wochen 100 Mark für jede Stunde zugesagt würden. Geizig erklärt sich hiermit scheinbar einverstanden und zahlt sowohl die nachgeforderten Beträge wie das Honorar für die erste Woche, verweigert aber am Schluß der zweiten Woche jede Zahlung und verklagt den Müller auf Rückzahlung aller an ihn gezahlten Beträge, soweit sie 2 Mark pro Stunde übersteigen.

59. Provision. Der bei der Firma Sorge mit Provision von 15 v. H. und 1000 Mark Weihnachtsgratifikation seit dem 1. Januar angestellte Reisende Unruh kündigt zum 1. Oktober den Dienst und verlangt zu diesem Zeitpunkt Auszahlung von 15 v. H. auf alle von ihm vermittelten und zum Abschluß gebrachten Geschäfte sowie auf ein weiteres Geschäft mit einer ausländischen Firma, dessen Ausführung Sorge wegen angeblicher Unzuverlässigkeit jener Firma abgelehnt hatte, ferner eine Abschlagszahlung von 10 000 Mark auf diejenigen Geschäfte, die sich aus der von Unruh angeknüpften Geschäftsverbindung künftig für die Firma Sorge ergeben würden, sowie endlich 750 Mark Gratifikation. Auch fordert er zur Nachprüfung der Höhe seiner Ansprüche Vorlage der Jahresbilanz und Einsicht in die Geschäftsbücher.

60. Gewinnbeteiligung. Die Aktiengesellschaft Friedrichswerk beschließt bei Gelegenheit der Erhöhung ihres Aktienkapitals, die Hälfte der jungen Aktien der Arbeiterschaft unentgeltlich in der Weise zu überweisen, daß die Deutsche Bank diese Aktien als Treuhänder verwalten und die Dividende unter die jeweilig beschäftigten Arbeiter gleichmäßig verteilen solle. Als die Aktiengesellschaft ein Jahr darauf in Konkurs verfällt, verlangt der Konkursverwalter diese Aktien zur Masse und bestreitet die zum Konkurs angemeldete Forderung einer Schenkungssteuer.

61. Trinkgelder. Dem Gastwirt Vierwald wurde ein Pfändungs- und Überweisungsbeschluß zugestellt, wonach der Lohn des bei Vierwald angestellten Kellners Windig für dessen Ehefrau gepfändet und zur Einziehung überwiesen wurde. Da Windig lediglich durch einen Zuschlag von 10 v. H. zu den von ihm verabreichten Speisen und Getränken entlohnt wurde, die der Gast bei Bezahlung der Rechnung zu zahlen hatte, Windig aber die Ablieferung dieses Betrages sowie darüber hinaus verdienter Trinkgelder ablehnte, so fragte Vierwald bei dem Gericht an, wie er den Beschluß befolgen solle. Windig werde überhaupt nicht von ihm entlohnt, sondern von den Gästen.

62. Unmöglichkeit der Arbeitsleistung. Die Firma Müller hat den Kaufmann Zabel am 1. September als Reisenden für Amerika zum 1. Oktober angestellt, die Reise kann indessen nicht stattfinden, da infolge einer politischen Krise seit dem 25. August die Einreiseerlaubnis nach Amerika allen Deutschen versagt wurde, was in Deutschland erst am 5. September bekannt wurde. Zabel verlangt trotzdem den ausbedungenen Lohn sowie die Provision in der Höhe, die sich voraussichtlich bei Ausführung der Reise ergeben hätte, während Müller beides schon mit Rücksicht darauf verweigert, daß Zabel vor dem 1. Oktober erkrankt war und die Reise daher ohnehin nicht vor dem 15. Oktober hätte antreten können.

63. Vorübergehende Arbeitsbehinderung. Infolge eines heftigen Schneesturmes ist der Eisenbahnverkehr vorübergehend gestört. Zahlreiche Arbeiter und Angestellte der Maschinenfabrik von Fischer in X., die in dem 15 km entfernten Y. wohnen, können infolgedessen die Bahn, welche das einzige Verkehrsmittel zwischen X. und Y. bildet, nicht benutzen. Sie kommen an dem fraglichen Tage deshalb teils gar nicht zur Arbeit, teils zu Fuß mit dreistündiger Verspätung, teils per Auto, das sie sich gemeinsam genommen haben. Fischer verweigert den ersteren jede Lohnzahlung für diesen Tag, will den zu spät gekommenen den Lohn für drei Stunden abziehen und lehnt Ersatz der Auslagen für das Auto ab. Er stützt sich hierbei auch auf die Bestimmung der Arbeitsordnung, wonach Lohn nur für die Zeit bezahlt wird, während der wirklich Arbeit geleistet wird.

64. Lohn bei Betriebsstockungen. Bei der elektrischen Straßenbahn in R. haben die im Kraftwerk beschäftigten Arbeiter wegen Lohnforderungen die Arbeit niedergelegt, so daß die Bahn stromlos ist, zumal es wegen der Gefahr von Sympathiestreiks der Bahnverwaltung nicht gelingt, anderweitig Strom zu beziehen. Das Fahrpersonal (Schaffner und Fahrer) erklärt sich dagegen zur Arbeit bereit, obwohl auch von ihm höhere Löhne verlangt werden.

Die Verwaltung der Straßenbahn verweigert indessen dem Fahrpersonal für die Dauer der Stromlosigkeit jede Lohnzahlung. Ist sie hierzu berechtigt? Wäre es für die Entscheidung des Falles von Bedeutung, wenn die Stromlosigkeit nicht auf Streik im eigenen Unternehmen, sondern in einem davon verschiedenen Elektrizitätswerk oder darauf zurückzuführen ist, daß infolge Beschlagnahme von Kohle der Betrieb ruhen mußte?

65. Lohn bei mangelhafter Leistung. Der Kaufmann Anton hat den Buchhalter Reinfall zum 1. Oktober bei sechswöchentlicher Kündigung jeweilig zum Quartalsersten angestellt, und zwar mit einem Monatsgehalt von 2500 Mark, wie es nur erstklassige Buchhalter erhalten, in der Absicht, ihm die Führung des Hauptbuches zu übertragen. Alsbald nach Dienstantritt des Reinfall stellt sich indessen heraus, daß er nur zu einfacheren buchhalterischen Arbeiten geeignet ist. Anton erklärt hierauf dem Reinfall, daß er den Anstellungsvertrag anfechte, ihm aber jedenfalls kein höheres Gehalt als 1800 Mark zahlen werde, wie es Buchhalter von der Art des Reinfall sonst am Ort erhalten. Auch verlangt er mit Rücksicht darauf, daß der von ihm nunmehr zur Führung des Hauptbuches angestellte Ersatzbuchhalter Schlau 3000 Mark monatlich erhält, Schadenersatz in Höhe von 1500 Mark.

66. Truckverbot. Der Inhaber des Warenhauses Truck & Comp. hat mit seinem gesamten Personal (Prokuristen, Verkäufern, Buchhaltern, Packern, Reinmachfrauen usw.) vereinbart, daß sie ihren Monatslohn nur in Höhe von 500 Mark in bar oder Scheck beziehen, den überschießenden Betrag dagegen in Waren, die sie sich aus den Beständen des Warenhauses nach freier Wahl zu den Verkaufspreisen abzüglich 10 v.H. aussuchen. Die Waren dürfen auch schon vor dem Monatsende, an dem der Lohn zahlbar ist, entnommen werden. Die Barzahlung ist stets in der großen Halle des Warenhauses erfolgt.

Einige Arbeitnehmer, die erfahren, daß diese Art der Entlohnung unzulässig sei, verlangen für die ganze Arbeitsdauer nochmalige Zahlung des gesamten Lohnes in bar außerhalb des Warenhauses, was Truck ablehnt oder höchstens gegen Rückgabe oder Bezahlung der bezogenen Waren zum vollständigen Verkaufspreis in Aussicht stellt.

67. Zahlungsverzug. Der Kaufmann Säumig hatte bereits mehrfach seinen Angestellten das postnumerando am Monatsschluß zu zahlende Gehalt erst einige Tage später gezahlt, obwohl die Angestellten sich hierüber wiederholt beschwert hatten. Als am 1. April abermals das Gehalt nicht pünktlich gezahlt wurde, verweigerten die Angestellten die Fortsetzung der Arbeit bis zur Gehaltszahlung, die erst am 6. April erfolgte. Zwar hatte Säumig schon am 1. April infolge der Weigerung zur Weiterarbeit den Angestellten eine vorläufige Abschlagszahlung angeboten, doch hatten die Angestellten diese abgelehnt. Säumig verweigerte nunmehr die

Zahlung des Gehalts für die Zeit vom 1. bis 5. April und wies zu seiner Rechtfertigung darauf hin, daß ihm die pünktliche Beschaffung des Geldes gerade am 1. April infolge Konkurseröffnung seiner Bank unmöglich gewesen sei.

Um künftig derartigen Vorkommnissen vorzubeugen, verlangte Säumig eine Vereinbarung, wonach es genüge, wenn er das Gehalt innerhalb der ersten Woche des nächsten Monats zahle. Komme eine solche Vereinbarung nicht zustande, so werde er innerhalb von einer Woche sein gesamtes Warenlager verkaufen und den Betrieb einstellen.

68. **Aufrechnung und Zurückbehaltung — Doppelvertrag.** Der Portier und Diener Altmann ist nach längerer Krankheit, während welcher seine Frau und sein elfjähriger Sohn die Portiergeschäfte wahrgenommen haben, am 10. Januar gestorben. Der Hauseigentümer Schmidt kündigt darauf der Frau Altmann zum 1. Februar, diese verweigert indessen, trotz Zustimmung des Wohnungsamts zur Kündigung, die Räumung der Portierwohnung und die Herausgabe der ihr übergebenen Gerätschaften, worauf Schmidt am 1. Februar seinerseits die Zahlung des Gehalts für den Monat Januar bis zur Räumung und Herausgabe ablehnt und wegen einer in der Portierwohnung zerbrochenen Fensterscheibe in Höhe von 200 Mark gegenüber der Gehaltsforderung aufrechnet.

69. **Lohnabzug für Versicherungsbeiträge.** Der Geheimrat Überdruß hatte bisher seinen (mit monatlicher Kündigungsfrist angestellten) Dienstboten den auf sie entfallenden Teil der Beiträge für die Sozialversicherung bei der Lohnzahlung nicht abgezogen, ohne freilich hierüber eine Vereinbarung mit ihnen getroffen zu haben. Als indessen eine Novelle zur RVO. die Beiträge zur Invalidenversicherung vom 1. Januar 1921 an verdoppelte und gleichzeitig bestimmte, daß Marken zum alten Wert nicht mehr verkauft werden durften, somit also auch für die vergangene Zeit nicht nachgeklebt werden konnten, erklärte Überdruß seinen Dienstboten am 5. Januar, sie müßten diese Beiträge nunmehr selbst tragen. Ungeachtet ihres Widerspruchs zog er ihnen daher bei der Lohnzahlung am 31. Januar die auf sie entfallende Beitragshälfte vom 1. Oktober 1920 an, dem Tage, an dem er selbst zuletzt für sie Marken eingeklebt

hatte, ab. Bei der Köchin Klemme war indessen dieses Verfahren nicht möglich, weil Überdruß ihr auf ihre Bitten den Januarlohn schon zu Weihnachten vorschußweise gezahlt hatte, so daß ein Abzug hier nicht in Frage kam, zumal die Klemme am 1. Februar bei Überdruß ausschied. Gegen sie klagte er daher auf Erstattung der seit dem 1. Oktober 1920 für sie verauslagten Beiträge.

70. Anrechnung – Weihnachtsgeschenke. Der Spediteur Wagner hatte seinen sämtlichen Arbeitern und Angestellten sowie seinen Dienstboten den am 31. Dezember fälligen Lohn sowie das Weihnachtsgeschenk bereits am 3. Dezember gezahlt, damit sie davon Weihnachtseinkäufe machen könnten. Wenige Tage darauf wurden mehrere von ihnen von der Grippe befallen. Wagner teilte diesen mit, daß er die Leistungen der Krankenkasse, insbesondere das Krankengeld, vom Lohn abzuziehen wünsche, und da dies infolge der Vorauszahlung nicht möglich sei, entweder Zurückerstattung des Lohnes in Höhe dieser Leistungen verlange, oder wenn ihnen das lieber sei, den Betrag am 1. Februar vom Januarlohn abziehen werde.

Die erkrankten Arbeitnehmer lehnten indessen eine Rückzahlung ab und kündigten gleichzeitig unter Einhaltung der vertraglichen Kündigungsfrist am 15. Dezember zum 1. Januar, um so einen späteren Lohnabzug unmöglich zu machen. Hierüber empört, entließ Wagner am 16. Dezember alle Erkrankten fristlos, verklagte sie auf Rückzahlung des Lohnes vom 16. bis 31. Dezember in voller Höhe, ferner für die Zeit vom 3. Dezember ab in Höhe der erhaltenen Kassenleistungen sowie endlich des Weihnachtsgeschenks und wies gleichzeitig darauf hin, selbst wenn die fristlose Entlassung nicht gerechtfertigt sein sollte, so hätten die Entlassenen den Lohn jedenfalls dadurch verwirkt, daß sie sich nicht bei dem Arbeitsnachweis um anderweitige Arbeit bemüht hätten, wo mindestens die Dienstboten sofort eine neue Arbeitsstelle hätten finden können.

71. Einbehaltung. Die Lokomotivfabrik von Weißmann zahlt ihren Arbeitern täglich 100 Mark bei wöchentlicher Lohnzahlung, behält hiervon aber vereinbarungsgemäß wöchentlich 50 Mark zurück, von denen sie 25 Mark als

Beitrag für die Fabrik-, Kranken-, Witwen- und Waisenkasse (Zuschußkasse) verwendet, 25 Mark einem Guthaben jedes Arbeiters zuschreibt, das sie mit 7 v. H. verzinst.

Der Schneider Scherer, bei dem der Arbeiter Borger einen Anzug bestellt, aber nicht bezahlt hat, läßt dessen Guthaben bei Weißmann, das 1200 Mark beträgt, pfänden. Borger widerspricht indessen mit der Begründung, die Einbehaltungsabrede sei überhaupt nichtig, so daß es sich bei seinem Guthaben um unpfändbaren Arbeitslohn handele. Er verlangt daher von Weißmann Herauszahlung dieses Guthabens sowie der für die Kasse verwendeten Beiträge. Weißmann andererseits verweigert die Auszahlung sowohl an Scherer wie an Borger, weil Borger inzwischen vertragsbrüchig den Dienst ohne Kündigung verlassen habe und Weißmann sich daher zunächst zur Deckung seiner eigenen Schulden an das Guthaben halten wolle.

72. **Verwirkung.** Der Böttchermeister Faßmann vereinbart mit seinen Arbeitern einen Lohn von 100 Mark täglich bei pünktlichem Erscheinen und von 80 Mark täglich bei unpünktlichem Erscheinen an der Arbeitsstelle. Der Arbeiter Schlaf, dem Faßmann wegen Zuspätkommens für diesen Tag nur 80 Mark auszahlt, verlangt Bezahlung von 100 Mark, weil die getroffene Vereinbarung eine unzulässige Verwirkungsabrede darstelle, zumal die Arbeitsordnung über Verwendung der verwirkten Beträge Bestimmungen nicht enthalte.

73. **Strafen.** In der Pulverfabrik von Schießer bedroht die Arbeitsordnung das Rauchen innerhalb der Fabrikräume mit Geldstrafe bis zu 300 Mark. Als der 17jährige Arbeiter Leichtfuß dessenungeachtet eines Tages vom Aufseher mit brennender Zigarre angetroffen und bei Schießer deswegen gemeldet wird, setzt dieser eine Geldstrafe von 300 Mark fest, die er ihm bei der nächsten Lohnzahlung abzieht.

Leichtfuß klagt vor dem Gewerbegericht auf Auszahlung dieser 300 Mark mit der Begründung, die Strafe hätte nicht einseitig von Schießer allein, sondern gemeinsam mit dem Betriebsrat festgesetzt werden müssen, es habe ihm ferner bei seiner Jugend die zur Erkenntnis der Strafbarkeit erforderliche Einsicht gefehlt, sodann hätte eine Vollstreckung der Strafe nur nach den Vorschriften der Strafprozeßordnung stattfinden dürfen, und endlich sei die Strafe gesetzwidrig hoch und unangemessen und müsse mindestens gemäß § 343 B. G. B. richterlich ermäßigt werden.

74. Verwendungsbeschränkung — Konsumgenossenschaften. In der Maschinenbauanstalt von Grosse haben die Arbeiter eine eigene Konsumgenossenschaft gebildet, zu deren Kosten Grosse gemäß statutarischer Vorschrift 25 v. H. beisteuert. Alle Arbeiter werden von Grosse vertraglich verpflichtet, dieser Genossenschaft durch Erwerb mindestens eines Geschäftsanteils beizutreten und alle Lebensmittel von dort zu beziehen. Im Falle des Austritts aus dem Betrieb von Grosse müssen sie den Anteil bis zum Ablauf des Geschäftsjahres, mindestens aber sechs Monate, stehen lassen, ohne indessen dann noch zum Bezuge von Waren berechtigt zu sein. Ist diese Vereinbarung zulässig?

75. Lohnpfändung. Der Bücherrevisor Brille verdient bei der Deutschen Bank monatlich 3000 Mark Grundgehalt, 500 Mark Teuerungszuschlag, 300 Mark Ortszulage, 200 Mark Kinderzulage, 500 Mark Aufwandsentschädigung für Fahrkosten zu den verschiedenen Bankfilialen sowie einmalig 1000 Mark Weihnachtsgratifikation. Er hält ferner die Privatbücher des Bankdirektors Goldberg in Ordnung, braucht hierzu wöchentlich 2 Abende und bezieht dafür von Goldberg 500 Mark monatlich. Durch eine Reihe sonstiger gelegentlicher Buchführungsarbeiten verdient er durchschnittlich weitere 300 Mark monatlich. Bei der Deutschen Bank wird das Gehalt nicht bar ausgezahlt, sondern seinem Konto gutgeschrieben, das zur Zeit 30000 Mark aufweist.

Brille haftet aus einer Wechselschuld auf Zahlung von 100000 Mark. In welcher Höhe ist sein Gehalt bzw. Guthaben pfändbar? Er besitzt eine geschiedene Frau, ein 12jähriges eheliches und ein 10jähriges uneheliches Kind. Bis zu welcher Höhe können sich diese für ihre Unterhaltsforderungen an die Geldmittel von Brille halten? Um seinem ehelichen Kinde einen möglichst großen Betrag zu sichern, tritt er diesem vor der Pfändung die gesamte Forderung für die nächsten 3 Jahre an die Deutsche Bank sowie an Goldberg ab. Ist dies zulässig?

76. Soziale Fürsorgepflichten. Das Dienstmädchen Wünscher klagt gegen ihren Dienstherrn Pech mit folgendem Antrage:

1. In ihrem bisherigen nicht heizbaren Zimmer einen Ofen setzen zu lassen oder ihr ein anderes heizbares Zimmer zur Verfügung zu stellen.

2. Ihr die erforderliche Zeit zum Besuch des sonntäglichen Gottesdienstes zu lassen.

3. Dafür zu sorgen, daß ihr die mit Rücksicht auf ihr Magenleiden ärztlich verordnete Krankenkost täglich verabreicht wird.

4. Die Köchin Unsauber, welche ebenfalls bei Pech in Stellung ist, zu entlassen, weil dieselbe die Speisen in ekelhafter Weise zubereite, Ungeziefer am Körper habe und fortgesetzt unsittliche Reden führe, durch welche ihr, der Wünscher, Schamgefühl gröblich verletzt werde.

5. Festzustellen, daß sie, solange die Beschwerdepunkte zu 1 bis 4 nicht beseitigt seien, nicht verpflichtet sei, die vereinbarten Dienste zu leisten, trotzdem aber berechtigt sei, für diese Zeit den Lohn zu verlangen und Ersatz der Kosten für ein anderweitig beschafftes Zimmer und Speisen zu fordern.

6. Pech zu verurteilen, da sie sich in dem ungeheizten Zimmer eine schwere Erkältung, verbunden mit Zahnschmerzen, zugezogen habe, ihr den hierdurch entstandenen Schaden einschließlich 100 Mark Schmerzensgeld zu ersetzen.

Wie ist auf diese Klage zu entscheiden?

77. Zeugnis. Der Buchhalter Fraglich wurde von seinem Chef Hitzig entlassen, weil eines Tages in der Kasse Geld fehlte, das nach Meinung des Hitzig nur Fraglich entwendet haben konnte, was dieser aber energisch bestritt. In das Zeugnis schrieb Hitzig lediglich, daß er den Fraglich 3 Jahre als Buchhalter beschäftigt habe, daß er im allgemeinen mit ihm zufrieden gewesen sei, ihn aber wegen Verdachts der Unterschlagung entlassen habe.

Fraglich verlangte Abänderung dieses Zeugnisses, und zwar Aufnahme eines Satzes, daß er sehr fleißig gewesen sei, daß seine Leistungen weit über Durchschnitt gestanden hätten, daß er neben den üblichen Buchhalterarbeiten auch besonders schwierige Arbeiten, vor allem Aufstellung der Bilanz, ausgeführt und die ausländische Korrespondenz geführt habe, sowie Hinzufügung der am Ort und in der Branche üblichen Schlußfloskel über gute Wünsche für die Zukunft. Ferner forderte er Streichung des Entlassungsgrundes.

Hitzig lehnte jede Änderung des ursprünglichen Zeugnisses ab und erklärte dem Fraglich ferner, er werde jede Auskunfterteilung über ihn verweigern, falls er etwa darum angegangen würde.

78. Kündigung — Vertragsbruchfolgen. Der Schuhmachergeselle Leder hat bei dem Schuhmachermeister Sohle am 10. März zum 1. April eine Stelle angenommen, und zwar unter Vereinbarung einer Kündigungsfrist von 2 Wochen. Als ihm bald darauf der Schuhmachermeister Hacken 50 Mark monatlich mehr verspricht wie Sohle, kündigt er am 15. März dem Sohle zum 1. April und tritt am 1. April bei Hacken an. Sohle verklagt hierauf den Hacken auf Zahlung des ortsüblichen Tagelohns für die Zeit vom 1. bis 15. April sowie den Leder auf Dienstantritt bzw. Schadenersatz.

79. Kündigung bei Streik. Der Transportarbeiterverband in X. hatte beschlossen, wegen Lohnstreitigkeiten die Arbeit niederzulegen. Infolgedessen stellte der Kutscher Stallmann, der bei dem Fuhrherrn Zügel in Stellung war, am 10. Oktober ohne Einhaltung der vertragsmäßigen Kündigungsfrist von 2 Wochen die Arbeit ein, obwohl Zügel vorher allen seinen Angestellten mitgeteilt hatte: wer streikt, wird entlassen! Als Stallmann sich am 1. November nach Beendigung des Streiks wieder zur Arbeit einfand, verweigerte Zügel die Wiederaufnahme mit der Begründung, das Arbeitsverhältnis sei aufgelöst.

80. Fristlose Entlassung. Der Tischlermeister Braun beschäftigt in seinem Betrieb 12 Gesellen und 2 Lehrlinge. Als der Geselle Blau und der Lehrling Grün nach gemeinsam durchzechter Nacht eines Morgens betrunken zur Arbeit kommen, entläßt Braun beide sofort, obwohl für die Gesellen monatliche Kündigung vereinbart ist und die Lehrverträge auf 3 Jahre abgeschlossen sind. Blau und Grün (letzterer 15 Jahre alt) erheben hiergegen Einspruch bei dem Betriebsobmann und gleichzeitig Klage vor dem Gewerbegericht. Braun dagegen verlangt von Blau und Grün Ersatz des Schadens, der ihm durch ihre fehlende Mithilfe im Tischlereibetrieb dadurch entsteht, daß der neue Geselle, den er an Stelle von Blau einstellt, höheren Lohn verlangt, und der neue Lehrling noch nicht eingearbeitet ist.

81. Mitbestimmungsrecht bei Kündigung. Der Tarifvertrag für die Glasindustrie in X. bestimmt, daß jede Kündigung der Zustimmung des Betriebsrats bedarf. Der Glashüttenbesitzer Bernstein, der dem Arbeiter Bläser kündigen will, fragt daher gelegentlich eines Rundganges durch die Hütte den Vorsitzenden des Betriebsrats Rubiner, ob er gegen die Kündigung des Bläser Bedenken habe, was Rubiner verneint.

Bernstein kündigt hierauf dem Bläser am 1. April, worauf dieser am 3. April Einspruch bei dem Betriebsrat einlegt. Der Betriebsrat erklärt den Einspruch am 6. April zwar für begründet, lehnt aber die Anrufung des Schlichtungsausschusses ab, worauf Bläser sich am 10. April seinerseits an den tariflichen Schlichtungsausschuß wendet. Dieser erklärt sich am 25. April für unzuständig, da die Sache vor den gesetzlichen Schlichtungsausschuß gehöre. Bläser ruft nunmehr am 27. April den gesetzlichen Schlichtungsausschuß an. Hier macht Bernstein geltend, der Einspruch sei verspätet sowie schon darum unbegründet, weil Rubiner seinerzeit der Kündigung zugestimmt habe, während Bläser ersteres unter Hinweis auf die rechtzeitige Einlegung des Einspruchs bei dem tariflichen Schlichtungsausschuß bestreitet und bezüglich des Rubiner geltend macht, derselbe hätte ohne Befragung des Betriebsrats eine solche Erklärung gar nicht rechtswirksam abgeben können. Wie hat der Schlichtungsausschuß zu entscheiden?

82. Entlassung von Betriebsratsmitgliedern. Die Firma Kain entließ das Mitglied ihres Betriebsrats Abel wegen angeblicher Unterschlagung kurz vor der Neuwahl des Betriebsrats fristlos, obwohl der bisherige Betriebsrat in seiner Mehrheit dagegen Widerspruch erhoben hatte.

Trotzdem wurde Abel auf den Wahlvorschlag für die Neuwahl gesetzt, dieser Wahlvorschlag vom Wahlvorstand zugelassen und Abel gewählt. Kain focht die Gültigkeit der Wahl an und verweigerte dem Abel den Zutritt zum Betrieb, worauf

Abel Strafantrag gegen Kain stellte und ferner vor dem Gewerbegericht auf Feststellung klagte, daß die fristlose Entlassung zu Unrecht erfolgt sei.

Wie ist der Fall zu beurteilen, und zwar sowohl wenn das Gewerbegericht zugunsten wie zuungunsten des Kain entscheidet?

83. Auflösung bei befristetem Vertrag. Der Baumeister Turm hat die Maurer Mörtel, Kalk und Kelle am 1. Juli bis zum 30. November angestellt. Am 30. November erklären sie dem Turm, er müsse sie weiter behalten und entlohnen, denn einmal habe er ihnen nicht gekündigt, und ferner sei die Entlassung von drei Maurern zu Wintersbeginn eine Verminderung der Arbeitnehmerzahl, zu der er erst nach vorangegangener Arbeitsstreckung berechtigt sei. Da Turm die Fortsetzung des Dienstverhältnisses ablehnte, so klagte Mörtel gegen Turm auf Feststellung vor dem Gewerbegericht, daß das Arbeitsverhältnis fortbestehe, Kalk, der diesen Weg für ungangbar hielt, rief dagegen den Schlichtungsausschuß an, während schließlich Kelle Einspruch bei dem Betriebsrat einlegte, weil die Entlassung eine unbillige Härte darstelle.

VI. Arbeiterschutz.

84. Abdingbarkeit von Arbeiterschutzvorschriften. Peters ist Inhaber einer Bleifarbenfabrik. Er vereinbart mit seinen sämtlichen Arbeitern, daß sie auf Einhaltung aller Schutzbestimmungen, die sich aus der Bekanntmachung des Reichskanzlers über Anlagen zur Herstellung von Bleifarben vom 27. Januar 1920 ergeben, verzichten, und läßt sich diesen Verzicht schriftlich bestätigen. Gegen die polizeiliche Strafverfügung, die ihm wegen Nichteinhaltung jener Schutzvorschriften zugestellt wird, beantragt er gerichtliche Entscheidung und verweigert die Leistung von Schadenersatz, als einer seiner Arbeiter an Vergiftung erkrankt.

85. Durchführung von Arbeiterschutzvorschriften. In der Buchdruckerei von Buchmann können die Fenster des Setzraumes nur teilweise geöffnet werden. Der Setzer Platte macht Buchmann hierauf aufmerksam und verlangt unter Bezugnahme auf die Bekanntmachung des Reichskanzlers betr. Einrichtung und Betrieb der Buchdruckereien Änderung, was Buchmann aber ablehnt. Darauf verklagt Platte den Buchmann vor dem Gewerbegericht auf Anbringung vorschriftsmäßiger Fenster und verweigert gleichzeitig unter Aufrechterhaltung seines Lohnanspruches so lange jede Arbeitsleistung, bis die Fenster vorschriftsmäßig seien. Auch der Betriebsrat macht gleichzeitig auf Anregung des Buchmann die Sache bei dem Schlichtungsausschuß anhängig.

86. Gewerbeaufsicht und Unfallverhütung. In der Maschinenfabrik von Klagenreich bemängelt der Gewerbeaufsichtsbeamte gelegentlich einer Revision die schlechte Luft im Arbeitsraum und gibt dem Klagenreich auf, binnen einem Monat eine elektrische Ventilationsanlage anzubringen. Wenige Tage darauf erscheint der technische Aufsichtsbeamte der Eisen- und Stahlberufsgenossenschaft zu einer Revision, bemängelt ebenfalls die schlechte Luft, erklärt aber, als er von der verlangten Ventilationseinrichtung erfährt, diese für überflüssig und sogar für schädlich, da lediglich der Fabrikationsstaub schuld sei, der durch starke Zugluft noch stärker durch den ganzen Raum gewirbelt werde. Er verlangte daher Anbringung einer elektrischen Saugvorrichtung zur Aufsaugung des Staubes. Der Betriebsrat wiederum schob die Schuld auf die zu kleinen Fenster und verlangte Vermehrung und Vergrößerung derselben.

Klagenreich weiß nicht, ob und wem er folgen soll, zumal seine Fabrik seit dem Jahre 1890 unangefochten in dem jetzigen Zustand bestanden hat, die verlangten Neuanlagen sämtlich überaus kostspielig sind, während seine Fabrik schon jetzt mit Verlust arbeitet, und er noch dazu alle drei verlangten Änderungen für völlig zwecklos hält, weil nach seiner Ansicht an der schlechten Luft die Undichtigkeit eines Rohres schuld ist, dem Gase entströmen, so daß es genügen würde, dieses Rohr abzudichten.

87. Überschreitung des Höchstarbeitstages. Ein Haustarifvertrag der Firma Emsig setzt für alle Arbeiter und Angestellten der Firma die Arbeitszeit auf 10 Stunden fest bei einem Arbeitslohn von 16 Mark pro Stunde. Demgemäß wird auch die Arbeit geleistet. Die Ortspolizeibehörde, die hiervon erfährt, erläßt hierauf sowohl an Emsig wie an sämtliche Arbeitnehmer Strafverfügungen und verbietet die Beschäftigung länger als 8 Stunden. Arbeitgeber und Arbeitnehmer legen hiergegen Einspruch ein, bis zu dessen Entscheidung Emsig trotz Widerspruches der Arbeitnehmer eine Beschäftigung nur für 8 Stunden zuläßt und auch für diese nur den im Bezirk üblichen Stundenlohn von 14,50 Mark zahlt.

88. Hygienischer Höchstarbeitstag. Der Gewerbeaufsichtsbeamte in X. stellt dem Inhaber des dortigen Hüttenwerks Erzberger eine polizeiliche Verfügung zu, wonach die Beschäftigung wegen Gefährdung der Gesundheit im dortigen Betrieb auf 7 Stunden, für Frauen auf 6 Stunden zu beschränken, nach je 2 Stunden eine halbstündige Pause einzuhalten und allen Arbeitern alljährlich ein Urlaub von einer Woche zu gewähren sei. Erzberger hielt diese Verfügung für überflüssig, da noch kein einziger Arbeiter in seinem Betrieb bisher infolge von Überanstrengung erkrankt war, sowie für rechtsunwirksam, weil die Höchstdauer der Beschäftigung allgemein reichsgesetzlich auf 8 Stunden festgesetzt, eine verschiedene Behandlung von Männern und Frauen unzulässig und die Regelung der Arbeitspausen der Vereinbarung mit dem Betriebsrat überlassen sei, er auch nicht gezwungen werden könne, Urlaub zu gewähren. Gegenüber der polizeilichen Strafverfügung, welche ihm infolge seiner Weigerung zugestellt wurde, beantragte er daher gerichtliche Entscheidung. In der Verhandlung erklärte der Amtsanwalt eine Prüfung des Gerichts überhaupt für unstatthaft, nachdem Erzberger es unterlassen habe, gegen die ursprüngliche polizeiliche Verfügung rechtzeitig Beschwerde bei der höheren Verwaltungsbehörde einzulegen, so daß diese Verfügung damit rechtskräftig und unanfechtbar geworden sei.

89. Überschreitung der Arbeitszeit. Die Konfektionsfirma Hosenberger gibt ihren Arbeiterinnen unter 14 Jahren, soweit sie 6 Stunden dort gearbeitet haben, und ihren Arbeiterinnen über 14 Jahren, soweit sie 8 Stunden dort gearbeitet haben, falls sie es wünschen, weitere Arbeiten nach Hause mit, die sie am nächsten Morgen erledigt zurückzubringen haben. Auch hat sie mit der Konfektionsfirma Blusenheim eine Vereinbarung dahin getroffen, daß Hosenberger die Arbeiterinnen von Blusenheim noch weitere 2 Stunden beschäftigen wird, soweit sie dort die gesetzlich zulässige Beschäftigungsdauer tätig gewesen sind und eine weitere Beschäftigung wünschen, und umgekehrt Blusenheim die Arbeiterinnen von Hosenberger.

Welche rechtlichen Folgen entstehen hieraus?

90. Ladenschluß. In der Wäscherei und Plätterei der Geschwister Weiß erscheint 10 Minuten nach 7 Uhr abends ein Schutzmann, verlangt sofortige Schließung des Geschäfts für das Publikum und droht mit Strafanzeige. Die Geschwister Weiß bestreiten indessen hierzu verpflichtet zu sein: einmal beschäftigten sie kein Personal, sondern es seien nur die beiden Schwestern im Geschäft tätig, sodann seien sie keine Verkaufsstelle, ferner seien die anwesenden Kunden schon 1/4 Stunde im Laden und warteten auf Abfertigung, und endlich sei am Sonnabend immer so viel zu tun, weil jeder am Sonntag reine Wäsche haben wolle. An diesem Tage müßten sie daher stets bis 10 Uhr im Geschäft tätig sein und die Kunden abfertigen, machten dafür aber am Montag bereits um 4 Uhr Schluß.

91. Kinderschutz. Frau Voß trägt in der Zeit wochentäglich frühmorgens von 7 bis 8 und abends von 6 bis 7 Uhr sowie Sonntags früh von 8 bis 9 Uhr Zeitungen aus und läßt sich hierbei von ihrem eigenen 9jährigen Sohn sowie von der 10jährigen Tochter ihrer verstorbenen Cousine, die sie nach dem Tode der Mutter zu sich genommen hat, helfen. Kurz vor 8 Uhr früh hören die Kinder mit dem Austragen der Zeitungen auf, um rechtzeitig in der Schule zu sein. Eine Arbeitskarte besitzt Frau Voß nicht, eine Anzeige über die Beschäftigung hat sie nicht erstattet. Ist das Verhalten der Frau Voß rechtlich einwandfrei?

92. Fortbildungsschule. Der Kaufmann Fuchs in X. beschäftigt einen Handlungsgehilfen von 17 Jahren und einen Lehrling von 15 Jahren, welche die dortige Handelsschule besuchen. In der Zeit vor dem Quartalsende verbietet er ihnen jedoch den Schulbesuch, da dann im Geschäft zu viel zu tun ist. Der Schuldirektor beschwert sich hierüber bei dem Gewerbeaufsichtsbeamten und bemängelt ferner, daß

Fuchs trotz mehrfacher Mahnnng die jungen Leute in ihren Arbeiten nicht überwache, so daß ihre Leistungen sehr schlechte seien, daß er sie ferner im Fall der Erkrankung nicht entschuldige und sogar ihre rechtzeitige Anmeldung versäumt habe. Er fragt daher, was gegen Fuchs veranlaßt werden kann, um Abhilfe zu schaffen.

VII. Arbeitsverfassungsrecht.

93. Koalitionsrecht. Der Tarifvertrag für die Textilindustrie in X. bestimmt, daß nur Mitglieder des dortigen Verbandes der Textilarbeiter von den Arbeitgebern eingestellt werden dürfen. Der Textilarbeiter Weber, der keinem Verband angehört, klagt, da er infolge dieses Tarifvertrages von seinem Arbeitgeber entlassen wird und eine andere Stelle in X. nicht finden kann, gegen die tarifangehörigen Verbände der Arbeitgeber und Arbeitnehmer auf Feststellung, daß diese Bestimmung des Tarifvertrages nichtig sei, sowie auf Ersatz des erlittenen Schadens. Ferner stellt der Vorstand des in X. bestehenden nationalen Textilarbeiterverbandes bei dem Schlichtungsausschuß den Antrag, den Tarifvertrag für nichtig zu erklären.

94. Koalitionsrecht Minderjähriger. Der 18jährige Lehrling Karl Streit ist, ohne seinen Vater zu fragen und gegen den Widerspruch seines Lehrherrn, dem freigewerkschaftlichen Verband der Metallarbeiter in X. beigetreten. Vater und Lehrherr verbieten indessen dem Verband die Aufnahme des Streit als Mitglied, und als der Verband dieses Verbot unbeachtet läßt, klagen sie in gemeinsamer, bei dem Amtsgericht angestrengter Klage gegen den Verband auf Streichung des Streit in der Mitgliederliste, Untersagung der Teilnahme an den Sitzungen der Verbandsmitglieder und Rückzahlung der aus Mitteln des Lehrlingsgehalts bereits gezahlten Mitgliederbeiträge.

Auch erklärt der Lehrherr den Lehrvertrag, da Streit darauf beharrte, Mitglied des Verbandes zu bleiben und trotz des Verbotes an Sitzungen desselben teilnahm, für gelöst, zumal bei Eingehung des Lehrvertrages ausdrücklich darüber gesprochen worden sei, daß Streit keiner Organisation angehören dürfe, wenn auch hierüber ausdrückliche Vorschriften nicht in den Lehrvertrag aufgenommen seien.

Streit verdingt sich hierauf trotz Widerspruchs seines Vaters bei dem Schlosser Schmidt als Gehilfe.

95. Erzwingung der Mitgliederpflichten der Berufsvereine. Der Arbeitgeberverband der Warenhausbesitzer ist mit dem Verband der Warenhausangestellten in Streit geraten. Ehe der offene Kampf ausbricht, hat der Arbeitgeberverband mit Mehrheit beschlossen, daß Mitglieder, die sich in dem voraussichtlich bevorstehenden Wirtschaftskampf der Verbandsparole nicht fügen, einer vom Vorstand von Fall zu Fall in angemessener Höhe festzusetzenden Strafe verfallen. Zur Sicherheit hierfür fordert und erhält der Vorstand von sämtlichen Mitgliedern Blankowechsel.

Als der Wirtschaftskampf kurz darauf tatsächlich ausbricht, befriedigt der Warenhausbesitzer Umfall gegen die vom Vorstand ausgegebene Parole die Forderung seiner Angestellten. Der Vorstand verhängt darauf gegen ihn eine Geldstrafe von 100 000 Mark, von der er 50 000 Mark durch Ausfüllung des Blankowechsels in dieser Höhe und Begebung desselben einzieht, den Rest vor dem nach Verbandsstatut für Verbandsstreitigkeiten bestehenden Schiedsgericht einklagt.

Umfall verweigert die Zahlung und klagt bei dem ordentlichen Gericht auf Rückzahlung der 50 000 Mark, mindestens aber desjenigen Betrages, um welchen jene Summe den angemessenen Betrag einer Strafe übersteigt.

96. Zweigstellen der Berufsvereine. Bei dem Metallarbeiterverband für den Staat X. bestehen außer der Zentralverwaltung in der Landeshauptstadt eine Reihe von Bezirksstellen und Ortsstellen, die in bezug auf die Mitglieder des Bezirks, für den sie errichtet sind, eine eigene Organisation besitzen, insbesondere eine eigene Satzung haben, selbständig Beiträge erheben und den Umfang ihrer Aufgaben, z. B. Errichtung von Gewerkschaftsschulen und Arbeitersekretariaten, selbständig betreiben, soweit nicht das Statut des Metallarbeiterverbandes dies alles vorschreibt.

Die Ortsstelle in Y. hat mit dem dortigen Arbeitgeberverband einen eigenen Tarifvertrag abgeschlossen, aber während der Dauer des Vertrages durch Aufforderung zur Arbeitseinstellung gebrochen. Der Arbeitgeberverband, der sich die Ansprüche seiner Mitglieder auf Schadenersatz hat abtreten lassen, klagt diese Ansprüche nunmehr sowohl gegen die Ortsstelle wie gegen den Metallarbeiterverband ein. Der Vorstand der Ortsstelle bestreitet indessen seine Parteifähigkeit, und der Verband wendet ein, die Ortsstelle sei zum Abschluß des Tarifvertrages nicht befugt gewesen, auch könne er selbst für ein Verhalten der Ortsstelle nicht haftbar gemacht werden.

97. **Haftung des Betriebsrats.** In der Fabrik des Lehmann sind ausschließlich Arbeiter beschäftigt, welche der Organisation A. angehören, mit alleiniger Ausnahme des Drehers Müller, welcher Mitglied der Organisation B. ist. Auf Drängen des Betriebrats, welcher andernfalls mit Arbeitsniederlegung sämtlicher Arbeiter in der Fabrik droht, kündigt Lehmann dem Müller zum nächsten zulässigen Kündigungstermin. Müller erhebt umgehend Einspruch bei dem Betriebsrat und ruft, als dieser den Einspruch für unbegründet erklärt, den Schlichtungsausschuß an. Gleichzeitig strengt er Klage auf Schadenersatz gegen den Betriebsrat und einzelne ihm besonders feindlich gesinnte Arbeitnehmer in der Fabrik des Lehmann an, welche den Betriebsrat zu seinem Verhalten in dieser Sache hauptsächlich bestimmt haben. Der Betriebsrat verteidigt sich damit, er wäre sonst von den Arbeitern abgesetzt worden.

98. **Kosten des Betriebrats — Streitigkeiten.** Der Betriebsrat der Firma Meyer hat gegen den Widerspruch der Firma während der Arbeitszeit nachmittags von 2 bis 4 Uhr eine Sitzung abgehalten, und zwar, da Meyer es ablehnt, dafür Räume zur Verfügung zu stellen, in der benachbarten Gastwirtschaft von Bierwald. Meyer zieht den sämtlichen Mitgliedern des Betriebsrats darauf den Lohn für 2 Stunden ab, während diese außer dem Lohn auch noch Bezahlung von je 3 Glas Bier verlangen, die sie hätten bestellen müssen, um von Bierwald das Sitzungszimmer zu erhalten. Da Meyer bei seiner Weigerung verbleibt, so ruft

der Betriebsrat als solcher den Schlichtungsausschuß an, während gleichzeitig die einzelnen Mitglieder gegen Meyer Klage vor dem Gewerbegericht erheben.

VIII. Arbeitsstreitigkeiten.

99. Prüfung der Schlichtungssprüche durch das Gericht. Der Industrieverband in X. beschäftigt 30 Angestellte; ein Angestelltenrat besteht indessen nicht, da niemand die Bildung eines solchen angeregt hat. Am 1. April kündigt der Vorsitzende des Verbandes der seit 3 Monaten gegen ein Monatsgehalt von 1500 Mark dort angestellten Maschinenschreiberin Bedächtig wegen zu großer Langsamkeit. Die Bedächtig legt am 10. April Einspruch beim Schlichtungsausschuß ein, welcher unbillige Härte annimmt und den Verband zur Wiedereinstellung oder Zahlung einer Entschädigung von 1500 Mark verurteilt. Da der Verband beides ablehnt, erhebt die Bedächtig Klage vor dem Gewerbegericht. Der Verband bestreitet die Zulässigkeit und Fristmäßigkeit des gesamten Verfahrens, die Zuständigkeit des Gewerbegerichts, das Vorhandensein einer unbilligen Härte sowie die Zulässigkeit und Angemessenheit der Höhe der Entschädigung und bemängelt endlich, daß der Schlichtungsausschuß nur mit je 2 Arbeitgebern und Arbeitnehmern besetzt gewesen sei. Die Bedächtig ist dagegen der Ansicht, das Gewerbegericht habe alle diese Fragen gar nicht zu prüfen, sondern auf Grund der Entscheidung des Schlichtungsausschusses einfach den Verband zur Zahlung der festgesetzten Entschädigung zu verurteilen.

100. Der Schlichtungsausschuß als Schiedsgericht. Der Tarifvertrag für das Fleischergewerbe in X. enthält die Bestimmung, daß alle Streitigkeiten zwischen Arbeitgebern und Arbeitnehmern durch den ordentlichen Schlichtungsausschuß entschieden werden sollen. Dieser Tarifvertrag ist für allgemeinverbindlich erklärt.

Der Fleischermeister Schinken hat den Gesellen Wurster wegen Unsauberkeit fristlos entlassen. Wurster klagt seinen

Lohn bis zum vertragsmäßigen Kündigungstermin vor dem ordentlichen Schlichtungsausschuß ein und erzielt auch ein obsiegendes Urteil, obwohl der keiner Organisation angehörende Schinlen die Zuständigkeit des Schlichtungsausschusses bestreitet, die Einlassung verweigert und zum Termin nicht erscheint, auch nunmehr die Erfüllung des Schiedsspruches ablehnt. Wurster fragt an, wie er den Schinken zur Zahlung zwingen kann.

Ernst Siegfried Mittler und Sohn, Buchdruckerei G. m. b. H., Berlin SW 68.

GPSR Compliance

The European Union's (EU) General Product Safety Regulation (GPSR) is a set of rules that requires consumer products to be safe and our obligations to ensure this.

If you have any concerns about our products, you can contact us on ProductSafety@springernature.com

In case Publisher is established outside the EU, the EU authorized representative is:

Springer Nature Customer Service Center GmbH
Europaplatz 3
69115 Heidelberg, Germany

Batch number: 10844675

Printed by Printforce, the Netherlands